바른 한국어 사용과 습득을 위하여

모세종 지음

Publishing Corporation

언어와 사회

언제부터인가 사회가 분노조절장애를 언급할 정도로 인간의 감정이 잘 컨트롤 되지 않는 모습을 보이고 있다. 층간소음을 이유로 이웃 간에 다투고, 보복운전으로 사람을 해하는 등, 많은 이들이 일촉즉발의 불안함 속에서 일상생활을 영위하고 있기도 하다. 사람의 감정을 자극하는 폭력적인 언어사용이 이런 문제의 시발점이 되는 경우가 많은데, '천 냥 빚을 갚는다'는 언어가 점점 더 사람의 마음을 상하게 하는 도구로 전락하고 있다.

언어사용이 초래하는 결과

언어와 행동은 비례하는 것으로 거친 언어를 사용하게 되면 거친 행동을 수반하게 된다. 부드럽고 정중한 언어를 사용하면서 거친 행동을 하기 어려운 이치와 같다. 일상생활에서 정중한 언어사용이 뿌리내리게 되면 거친 행동도 줄어드는 법인데, 최근 언어교육이 제대로 이루어지지 못한 탓에, 많은 사람들이 주변을 의식하지 않는 부적절한 언어사용을 서슴지 않아 거친 언어의 거친 사회가 되어가고 있다. 거칠고 바르지 못한 언어사용이 일상화되면 다툼이 잦은 사회가 될 수밖에 없다. 바른 언어교육이 이루어져 서로 존중하는 언어를 구사하게 되면 다툼이 줄어 건전하고 성숙한 사회를 구현할 수 있을 것이다.

언어사용을 결정짓는 환경

그런데 언어사용을 결정짓는 가정과 학교, 방송매체 등에서 가볍고 편한 언어사용이 인간의 자유나 평등을 구현하는 것인 양, 사려분별 없는 언어생활을 부추기듯 하고 있다. 어려서부터 교육을 통해 올바른 언어생활을 영위할 수 있도록 해야 하는데, 때와 장소에 따라 적절히 가려 사용해야 할 말 따위는 필요 없다는 듯이, 마음대로 내뱉는 언어사용마저 방치하다시피 하고 있어, 결국 보고 들으면서 배우는 언어가 교양과 품격을 잃은 거친 언어일색으로 변하고 있다.

가정, 학교, 방송매체의 언어가 사회에 미치는 영향을 간과하고 부적절한 언어습득환경을 조장하거나 계속 방치한다면,

한국사회는 더욱더 거친 풍랑 속으로 내몰릴 수밖에 없다. 특히 방송매체는 가정과 학교의 잘못된 언어사용을 바로잡아 줄 수 있는 규범성을 보여줘야 하는데, 한국은 방송매체마저 그 역할을 다하지 못하고 있다.

방송의 언어사용

다음은 한국 공영방송[1]의 뉴스보도인데, 기자가 사용하는 언어표현을 살펴보기로 하겠다.

(1) 연일 이렇게 기록적인 폭염이 계속되는 거 보면서 '이거 얼마 안가서 채소, 과일 값도 들썩이겠구나' 직감하셨던 분들 아마 계실 겁니다. 네, 맞습니다. 농작물도 폭염 피해가 심각한 수준인데요. 수확 앞둔 현장부터 같이 보시죠.
폭염이 조금은 덜할 것 같은 강원도 태백시인데요. 배추밭에 가 보니, 잎이 다 시들시들 합니다. 서늘해야 할 고랭지 배추밭도 폭염에 직격탄을 맞은 겁니다. 배추랑 무 출하량이 줄면서 소매가격 기준으로 배추 한 포기에 4800원, 무도 한 개에 2400원을 넘었습니다. 김장김치 다 먹었다고 김치 또 담그기엔 엄두가 잘 안 나는 수준이죠. 체감은 하실 텐데, 다른 채소 값도 얼마나 뛰었는지 수치를 좀 보면은요. 요즘 시금치는 50%, 상추도 24.5%, 열무도 40% 넘게 비싸졌습니다. 이거 말고 수박, 포도, 복숭아 이런 제철 과일도 예년 비해서 꽤 많이 올랐죠? 정부도 비상인데,

---

1 KBS 아침뉴스타임(2018.8.28) 친절한 뉴스, 이** 기자

일단 다음 주부터 농협을 통해서 채소, 과일 값 좀 깎아서 팔 수 있게 할 계획이라고 합니다.

그럼 이쯤에서 이번 폭염 관련해서 가장 궁금해 하실 두 가지를 좀 더 짚어보겠습니다. 먼저 기록적인 폭염이 도대체 언제까지 이어질지 이거 알아보고요, 그 다음에 전기요금 얘기를 좀 이어가 보겠습니다. 먼저, 폭염 기세가 언제쯤 꺾일지, 꺾이기는 하는 건지 이것부터 볼까요?

기상청 전망을 보면요, 여기 보시는 빨간색 그래프가 서울지역 낮 최고기온 전망입니다. 조금씩 조금씩 조금씩 낮 최고기온이 떨어지기는 하거든요. 그러다가 다음 주 중반쯤 되면은 35도 정도까지는 떨어집니다. 대구도, 다음 주 중반쯤 되면 낮 최고 기온 40도를 육박하는 이런 폭염은 좀 덜해질 것 같습니다. 그래도 여전히 조만간 견딜 만한 수준은 될 것 같습니다, 이렇게 말하긴 힘든 상황입니다. 그래서 도저히 에어컨 안 켜고 살 수가 없는데, 이거 전기요금 폭탄 맞을까 싶어 망설이게 되는 분들 많으십니다. 이참에 누진제도 다시 손봐야 하는 거 아니냐, 이런 얘기도 나오는 상황인데 정부 여당이 이번 주말이나 다음 주 초쯤에 관련 대책을 내놓을 예정입니다.

어떤 안들이 검토되고 있는지 보죠. 우선 검토되고 있는 건 전기요금 부가세를 환급해주는 겁니다. 전기요금 부가세는 기본요금이랑 전력 사용 요금의 10% 정돈데요, 한 달에 전기를 500kWh 이하로 쓰는 가정한테는 이걸 환급해주자는 겁니다. 월 10만 원 정도 전기 요금 낸다고 치면은요, 8천원에서 9천 원 정도 인하 효과가 있습니다. 혜택이 비교적 골고루 돌아가는 건 장점인데, 체감 효과가 얼마나 될지가 관건입니다.

누진제 구간을 조정하는 것도 검토가 되고 있는데요. 보통 도시에 사는 4인 가구 같은 경우에 월 평균 350킬로와트 정도 전기를 쓴다고 하거든요. 그런데, 여름에 에어컨 많이 틀면 이걸 훌쩍 넘을 수가 있습니다. 그런데, 400kWh 넘게 쓰면은 보시는 것처럼 이렇게 기본요금, 또, 킬로와트 당 요금이 이렇게 훌쩍 뛰게 됩니다. 그래서 2단계 기준을 500kWh 까지 좀 더 넓게 잡아주는 그런 방안을 검토 하고 있다는 겁니다. 아무래도 여론 지지가 높은 건, '누진제 폐지' 쪽인데요. 결론부터 말씀드리면, 이건 우선순위에서는 밀려 있습니다. 전기를 적게 쓰는 집들의 전기요금 단가가 올라가게 돼서요. 저소득층 가구 부담이 커질 수 있기 때문입니다. 친절한 뉴스였습니다.

(1)은 공영방송 뉴스의 대화인데, 최근의 한국 방송매체에서 어렵지 않게 접할 수 있는 표현이다. 전체적으로 보면, 표현에 축약이나 조사의 생략이 많고, 문말이 아닌 곳에 '요'를 붙이는 경우가 많으며, '하시죠' 등의 정중함이 떨어지는 문체와 함께, 일부 층에 유행하고 있는 부적절해 보이는 어휘도 사용하고 있으며, 상황을 비유하는 경우에도 매우 직설적인 방식으로 표현하고 있다.

표현에 있어서 축약이나 조사의 생략 등이 한국어운용의 묘미일 수도 있지만, 정중히 해야 할 상황에서는 축약이 지나친 구어적 표현이 되지 않도록 주의함이 바람직하고, 조사도 특별히 생략해야 할 필요가 없는 경우라면 넣어서 말하는 것이 격식을 갖춘 정상적인 한국어라 할 수 있을 것이다. 본딧말, 준말의 수준을 넘는 축약이나 생략, 조어 등은 정상적인 한국어 사용의 틀을 깨트려 한국어의 긍정적인 발전을 저해하는 요소로 작용할 수 있다.

'~인데요'나 '~거든요', '~하고요', '~하면요'처럼 문장을 중간에서 일시 중단시키는 경우, '요'를 붙여 정중한 표현으로 제시하려는 듯 하고 있지만, '요'를 붙이면 가벼운 경어표현이 되어 오히려 정중도의 문제를 야기할 수도 있다. 가벼운 형식인 '요'체는 붙이지 않는 편이 정중도면에서 중립을 유지할 수 있어 정중함이 손상되지 않는 것이다. 즉 '인데'만을 사용하면 경어형식이 개입되지 않아 문제가 되지 않지만, '요'가 붙음으로써 가벼운 문체가 된다는 것이다. '인데요'는 굳이 쓴다면, '입니다만'처럼 말하는 것이 정중한 표현이라 하겠다.

비격식체의 '요'와 격식체의 '습니다'가 혼재되어 있으면 문장 전체적으로는 격식을 갖춘 언어사용으로 받아들여지지 않을 수도 있다. 경어란 문 전체에 한마디의 반말만이 섞여 있어도 정중함을 지켜낼 수 없는 것으로, 격식체와 비격식체의 빈번한 혼용은 정중한 표현을 연출해내기 어려울 수 있다.

또한 '보시죠', '보죠'나 '볼까요', '했죠' 등의 형식은 시청자를 고려하지 않은 공손함이 결여된 표현들로, 사적인 대화가 아닌 만큼 좀 더 정중한 형식으로 바꿔 사용해야 하며, 어휘선택에 있어서도 단어의 의미를 정확히 이해하지 못하고 사용함으로써 자연스럽지 못한 단어사용을 일반화하고 있다.

최근에 많이 등장하는 '맞다'라는 표현도, 기존에는 '그렇다'를 사용하는 것이 일반적이었는데, '맞다'의 의미가 '그렇다'의 의미영역까지 그 사용범위를 확장한 듯, 상대의 말에 가볍게 호응해주는 상황에서도 마치 옳고 그름을 확인이라도 해주는 듯이 사용하고 있어, 언어 습득상의 문제점도 드러내고 있다.

'도저히 에어컨 안 켜고 살 수가 없는데, 이거 전기요금 폭탄 맞을까 싶어'라는 표현처럼, 어떤 상황을 묘사하는 경우에도 매우 격한 비유적 표현을 직설적으로 사용하고 있는데, '에어컨을 안 켜고 살 수 없다'고 단정 짓는 것은 어려운 생활에 에어컨을 설치하지 못한 가정이 있음을 생각할 때, 사려 깊지 못한 부적절한 표현이라 할 수 있다. '폭탄을 맞다'도 최악의 상황을 의미하는 표현으로, 폭탄을 맞으면 죽게 되는 것이니, 사적인 상황에서야 비유적으로 사용할 수 있다 해도 공적인 방송에서 사용한다는 것은 과하여, 매 상황마다 강약을 조절하며 매끄럽게 담아내야 하는 방송표현으로서는 적절하다고 할 수 없다. 태풍으로 쏟아지는 '폭우'에 대해서도 '물폭탄'으로 표현하는 것은 자제해야 할 것이다. 폭우로도 충분히 강한 표현이고, 침략과 전쟁의 상흔이 많은 한국에서 비유적으로 '폭탄을 맞다, 폭탄이 쏟아지다'와 같은 표현을 너무 쉽게 사용하는 것은 적절치 않아 보인다.

어떤 시청자들에게도 부담을 주는 표현은 사용을 자제해야 한다. 절제되지 않은 표현들이 우리들로 하여금 일상에서 거친 표현을 쉽게 사용할 수 있게 하는 요인으로 작용할 수 있기 때문이다. (1)은 전체적으로 시청자를 상대로 하는 표현으로서는 정중함이 결여된 언어사용이라 하지 않을 수 없다. 방송의 언어사용에는 주의해야 할 점이 매우 많은 만큼, 언어에 대한 이해를 높이고 충분한 경험을 쌓아, 보다 정중한 방송이 되도록 주의해야 할 것이다.

(1)을 다음의 (1)′처럼 바꾸어 말하면 정중함을 갖춘 표현이 될 수 있을 것이다.

(1)′ 연일 이렇게 기록적인 폭염이 계속되는 <u>것을(걸)</u> 보면서 '이거 얼마 안가서 채소, 과일 값도 들썩이겠구나' <u>하고</u> 직감하셨던 분들<u>도</u> 아마 계실 겁니다. 네, <u>그렇습니다.</u> 농작물도 폭염 피해가 심각한 수준<u>입니다</u>. 수확<u>을</u> 앞둔 현장부터 <u>보시겠습니까(보도록 하겠습니다)</u>?
폭염이 조금은 덜할 것 같은 강원도 태백시입니다. 배추밭에 가 보니, 잎이 다 시들시들합니다. 서늘해야 할 고랭지 배추밭도 폭염에 직격탄을 맞은 겁니다. 배추랑 무 출하량이 줄면서 소매가격 기준으로 배추 한 포기에 4800원, 무도 한 개에 2400원을 넘었습니다. 김장김치 다 먹었다고 김치 또 담그기엔 엄두가 잘 안 나는 수준입니다. 체감은 하실 텐데, 다른 채소 값도 얼마나 뛰었는지 수치를 좀 <u>보겠습니다(보도록 하겠습니다)</u>. 요즘 시금치는 50%, 상추도 24.5%, 열무도 40% 넘게 비싸졌습니다. <u>이것</u> 말고 수박, 포도, 복숭아 이런 제철 과일도 예년 비해서 꽤 많이 올랐습니다. 정부도 비상인데, 일단 다음 주부터 농협을 통해서 채소, 과일 값 좀 <u>깎아서(내려서 / 인하해서)</u> <u>팔(판매할)</u> 수 있게 할 계획이라고 합니다.
그럼 이쯤에서 이번 폭염과 관련해서 가장 궁금해 하실 두 가지를 좀 더 짚어보겠습니다. 먼저 기록적인 폭염이 도대체 언제까지 이어질지 이걸 알아보고, 그 다음에 전기요금 얘기를 좀 이어가 보겠습니다. 먼저, 폭염 기세가 언제쯤 꺾일지, 꺾이는 하는 건지 이것부터 보도록 하겠습니다. 기상청 전망을 보면, 여기 보시는 빨간색 그래프가 서울지역 낮 최고기온 전망입니다. 조금씩 조금씩 낮 최고기온이 떨어지기는 합니다. 그러다가 다음 주 중반쯤 되면 35도 정도까지는 떨어집니다. 대구도, 다음 주 중반쯤 되면 낮 최고 기온 40도를 육박하는 이런 폭염은 좀 덜해질 것 같습니다. 그래도 여전히 조만간 견딜 만한 수준은 될 것 같습니다, 이렇게 말하긴 힘든 상황입니다. 그래서 에어컨이 있는 집은 안 켜고는 살 수 없는 상황인데, 이거 전기요금이 너무 많이 나오지 않을까 싶어 망설이게 되는 분들도 많으실 겁니다. 이참에 누진제도 다시 손봐야 하는 거 아니냐, 이런 얘기도 나오는 상황인데 정부 여당이 이번 주말이나 다음 주 초쯤에 관련 대책을 내놓을 예정입니다.

어떤 안들이 검토되고 있는지 보도록 하겠습니다. 우선 검토되고 있는 건 전기요금 부가세를 환급 해주는 겁니다. 전기요금 부가세는 기본요금 이랑 전력 사용 요금의 10% 정도인데, 한 달에 전기를 500kWh 이하로 쓰는 가정한테는 이걸 환급해주자는 겁니다. 월 10만 원정도 전기 요금 낸다고 치면, 8천원에서 9천 원 정도 인하 효과가 있습니다. 혜택이 비교적 골고루 돌아가는 건 장점인데, 체감 효과가 얼마나 될지가 관건입니다. 누진제 구간을 조정하는 것도 검토가 되고 있습니다. 보통 도시에 사는 4인 가구 같은 경우에 월 평균 350킬로와트 정도 전기를 쓴다고 하는데 (합니다만), 그런데, 여름에 에어컨 많이 틀면 이걸 훌쩍 넘을 수가 있습니다. 그런데, 400kWh 넘게 쓰면 보시는 것처럼 이렇게 기본요금, 또, 킬로와트 당 요금이 이렇게 훌쩍 뛰게 됩니다. 그래서 2단계 기준을 500kWh까지 좀 더 넓게 잡아주는 그런 방안을 검토하고 있다는 겁니다. 아무래도 여론의 지지가 높은 건, '누진제 폐지'쪽입니다만, 결론부터 말씀드리면, 이건 우선순위에서는 밀려 있습니다. 전기를 적게 쓰는 집들의 전기요금 단가가 올라가게 돼서, 저소득층 가구 부담이 커질 수 있기 때문입니다.

친절한 뉴스였습니다.

공영방송이란 적어도 바르고 공손한 표현을 사용하고 있다는 신뢰가 전제되어야 한다. 그런데 최근의 방송매체는 언어사용에 심각한 문제점을 노출하고 있다. 특히 젊은 사람들을 앞세운 방송은 규범을 왜곡하는 유행적 감각에 편승한 바르지 못한 언어를 거리낌 없이 표출하고 있어, 결과적으로 부적절한 언어사용을 일반화시키고 있다. 상황에 맞는 규범적인 언어사용이 담보되어야 할 방송이 제 역할을 다하지 못하고, 한국어를 지키고 발전시키기는커녕 오히려 혼탁하게 만들기도 하여, 일탈하고 있는 한국어를 정화시키거나 순화시키는데 전혀 기여하지 못하는 상황이라 할 수 있다.

국민들과 일상의 호흡을 같이하는 방송매체야말로 언어사용에 있어서 귀감을 보여야 한다. 특히 공영방송 등 지상파의 공공성이 높은 방송매체는 한국인의 언어사용에 매우 큰 영향을 미치는 것이기에, 가능한 한 보수적인 시각에서 규범에 맞는 언어사용을 견지하도록 노력해야 한다. 많은 국민들이 바르게 훈련된 방송인들의 언어를 통하여 올바른 한국어를 듣고 익힌다는 인식을 가져야 할 것이다.

본서에서는 현재 변화하고 있는 한국어사용의 실태를 집어 보고, 문제점과 사용배경을 살펴 그 개선방안을 제시함으로써, 교양 있고 건전한 사회건설에 있어서 언어의 중요성을 공유하고자 한다. 뿐만 아니라 국민들의 언어습득에 영향을 미치는 가정과 사회, 학교의 언어사용에 대해서도 고찰하여 문제점과 개선책에 대해 기술하고자 한다. 개인의 언어습득에 영향을 미치는 사회 환경으로는 방송매체의 언어사용을 대상으로 한다.

여전히 많은 학교 선생님 그리고 방송의 진행자와 출연자들이 올바른 한국어를 사용하고 있지만, 본서는 일부에서 보이며 확산되고 있는 적절하지 않은 사례에 초점을 맞추어 기술하고, 또한 사회 일반인의 상식적인 관점에서 고찰하기 위해 기술에 있어서도 가능한 한 학문적인 접근방법은 배제하기로 한다.

목 차

제1장

한국어사용의 진단과 개선

1. 한국어사용의 현재

1) 교육과 사회 환경의 변화

최근의 젊은이들은 기성세대와는 다른 교육 및 사회 환경 탓에 오랫동안 상식으로 지켜져 오던 언어와 행동에 많은 변화를 보이고 있다. 그간의 도덕과 상식이 의미를 잃어가며 마치 불필요한 구태처럼 비춰지는 우려스러운 상황도 전개되고 있다.

청소년들이 바르게 교육을 받아야만이 어렵사리 갖춘 국가 경쟁력을 유지시키고 발전시켜 나갈 수 있는데, 한국은 공교육 붕괴와 교육방법의 변화로 인성교육이 인권신장의 장애물처럼 취급되면서 예의범절이 인간을 속박하는 도구처럼 내몰리는 상황에 이르고 있다. 그 결과 거친 언어와 행동이 평범한 일상이 되어가면서 한국의 미래를 걱정스럽게 하고 있는 상황이다. 이에는 모든 분야에 개선이나 발전이라는 명목하에 '옳은지 그른지, 우리 상황에 맞는지, 기존의 것보다 더 나은지'에 대한 엄밀한 분석도 없이 무조건적으로 선진제도를 도입하는 데에 기인하는 바가 크다 하겠다.

엄격히 이루어져야 할 교육마저 인권을 침해하는 비민주적 교육이라 철퇴를 맞고, 그 결과 사회적 규범을 몸에 익히지 못한 학생들은 자기중심의 이기적 생활을 영위하고 있다. 올바른 민주주의는 타인에게 피해를 주지 않는 행동이 전제되어야 실현되는 것인데, 이도 성인이 되기까지의 학교교육이 제 역할을 수행해야만이 가능하게 되는 것이다. 청소년들의 교육이 잘못 이루어지면 민주주의는 무분별한 자기이익만을 추구하는 이기적인 사회를 만들 수 있는데 한국의 현재가 비슷한 상황으로 빠져들고 있다.

올바른 언어와 행동으로 표출되는 인성은 꾸준한 교육과 훈련을 통해 갖추어지는 것으로, 지식과는 달리 단순히 보고 배운다고 하루아침에 터득되는 것은 아니다. 그저 편한 것이나, 하고 싶은 것을 하도록 하는 교육환경하에서는 몸에 익혀야 할 인내나 예의범절을 갖추기 어렵다.

최근의 젊은이들은 주변에 누군가가 있어도 큰소리로 말하는 것이 예사이고 욕설을 섞어서 말하는 경우마저 허다하여,

건전한 사회생활에 보여야 할 기본적인 소양을 갖추고 있지 않다는 지적이 많다. 거리낌 없는 언행이 주변 사람들에게 주는 피해가 적지 않은데도 그에 대한 의식이 거의 없다는 데에 문제의 심각성이 있다.

인간은 누구나 분노를 느끼고 표출할 수 있지만, 교육을 통해 이를 조절하는 능력을 갖추는 것이다. 타인을 배려하는 정중한 언어와 행동이 몸에 배어 있어야 타인에게 분노의 감정을 폭발시키지 않고 대할 수 있을 텐데, 그렇지 못하니 분노조절장애가 흔한 사회현상으로 거론되고 있는 것이다. 결과론적으로야 의학적 치료를 받아야 하는 것으로 진단할 수도 있겠지만, 분노조절장애는 정상적인 교육을 통해 어려서부터 언행에 대한 올바른 훈련을 쌓게 되면 쉽게 나타나지 않는 현상으로 보는 것이 타당할 것이다.

2) 최근의 언어현상

제대로 된 학교교육이 이루어지지 않으면 언어능력이 향상되지 않는데, 최근 젊은이들의 표현력은 수준미달처럼 느껴지는 경우가 적지 않다. 언어와 행동 등 초중고 교육을 통해 저절로 습득되던 많은 부분을 대학에서 다시 가르쳐야만 하는 기이한 현상도 왜곡된 공교육을 말해주고 있다. 기성세대들이 적절하지 못하다고 지적하는 언어표현들이 젊은이들 세계에서는 아무런 문제없이 통용되고 있는데, 이는 잘못 이루어진 교육의 결과가 그대로 일반화되고 있다는 반증으로 교육이 제 역할을 다하지 못함을 드러내는 것이다.

언어의 변화는 자연스러운 것으로 거스를 수 없는 현상이다. 그런 만큼 언어의 변화는 바람직한 방향으로 흘러 발전적이고 창의적인 결과로 이어지도록 주의를 기울여야 한다. 자칫 방치하면 지금처럼 언어가 바람직하지 않은 방향으로 빗겨나갈 수도 있다. 실제로 최근의 젊은이들이 사용하는 언어에는 규칙이나 규범을 벗어난 오류나 실수가 많고, 적절하지 않은 막말, 비속어, 유행어, 외국어 등의 범람으로, 부정적이거나 퇴보적인 변화만이 두드러져 보이는 상황이다.

이런 흐름을 종합해보면 최근 젊은 세대의 언어는 다음과 같은 경향성을 나타내고 있다고 할 수 있다.

① 경어(존경어, 정중어) 사용에 오류가 많다.
② 은어, 속어, 유행어 등을 일상적으로 사용한다.
③ 완곡한 표현보다 직접적인 표현을 많이 사용한다.
④ 자제심을 잃은 공격적인 언어사용이 두드러진다.
⑤ 단어와 표현에 대한 이해가 부족하고, 단문 위주의 표현이 많다.

언어는 매우 빠르게 전파되는 것으로, ①~⑤는 유소년이나 젊은 층에서뿐만 아니라 일반에도 이미 널리 퍼져 있는 현상이라 할 수 있다. 언어는 인간의 사고를 담아내는 그릇인데 최근의 경향에서 보면 우리의 언어는 매우 단순하고 직설적인 형태로 바뀌어가고 있음을 부정하기 어려운 상황이다.

공손하지 못한 언어를 사용하면 대화 상대의 감정을 자극할 수도 있어 언어로 인한 다툼이 잦아지게 되고, 결국 거친 사회를 초래하게 된다. 품격이 떨어지는 언어를 사용하게 되면, 개인의 인격형성에 적지 않은 문제를 야기하게 되는데, 현재의 한국어는 더 이상 방치해서는 안 될 정도로 흐트러지고 있다는 지적이다. 올바른 한국어의 회복과 젊은이들의 인성함양을 위해서도 현재의 언어사용에 대한 진단과 제기되는 문제에 대한 대안 마련은 매우 중요하다.

이하 문제들을 항목별로 나누어 진단하고, 실례를 통해 현상을 분석하고 바람직한 방향을 모색해보기로 한다.

2. 경어의 붕괴와 오용

경어는 의사소통을 수행하는 인간 상호간의 예절을 나타내는 언어형식으로, 특히 한국어와 일본어에 매우 발달되어 있다. 경어는 그 사용여하에 따라 인간관계를 좋게 형성시킬 수도 있고, 반대로 망가트릴 수도 있어, 언어생활에 있어서 매우 중요한 의미를 갖는다. 대화란 언어예절을 잘 지켜 상호 간의 신뢰를 형성하는 것이 중요한데, 경어가 바로 그런 역할을 한다.

한국어와 일본어의 경어에는 상대를 높이는 존경어(尊敬語), 자신을 낮추는 겸양어(謙讓語), 듣는 이를 고려하는 정중어(丁寧語) 등이 있는데, 최근에 이 경어사용에 오류가 빈발하여 대화의 질을 떨어트리거나 불쾌감을 주는 일이 많아졌다.

경어체계는 섬세하지만 그 이치가 어려운 것은 아니어서, 학교교육이나 평범한 사회생활을 통해 쉽게 익힐 수 있는 정도의 것이다. 그런데 작금의 상황은 잘못된 언어사용이 일상으로 이루어지는 환경 탓에, 이를 보고 배우는 자들에게 경어사용의 왜곡을 낳게 하고 있다.

존경표현을 만드는 '시'의 남발로 사물을 높이는 경어의 오류가 흔한 일이 되었고, 문말의 정중표현에 '요'체의 남발로 인한 '습니다'체의 쇠퇴로 언어표현의 공손함이 후퇴하고 있으며, 또한 권유나 의뢰를 하는 경우에도 '하시죠'나 '할게요' 등의 부적절한 표현이 일상으로 사용되고 있어 언어교육의 부실함이 심각한 상황이다.

이하 경어사용의 오남용에 대해 살펴보기로 한다.

1) 경어의 형식화와 '시'의 오용

사회발전에 따라 서비스산업이 급격하게 발달하여, 손님을 상대로 일을 해야 하는 많은 직업인이 탄생하였다. 공교육의 붕괴로 일컬어지는 학교교육의 비정상으로 언행을 뒷받침하는 인성교육이 실종되어 교육을 받은 많은 사람들이 정중한 언어를 바르게 사용하지 못하는 경우가 흔히 목격되고 있다. 이런 상황에서 많은 사람들이 서비스업에 종사하며, 제대로 습득하지 못해 바르거나 세련되게 사용하지 못하는 언어를 사용해야하는 시대를 맞이하고 있다. 자신이 만족하면 되는 편한 삶의 형태가 옳은 것이라 배워온 자들에 있어서 정중한 언어는 크게 필요하지 않은 것으로, 갑자기 사용하려 해도 익숙할 리 없다. 손님에게 정중한 말을 사용해야 되지만, 익숙하지 않은 상황에서 어쩔 수 없이 사용해야 하는 경어라면 그 사용은 형식화될 수밖에 없을 것이다.

잘 이해하고 있지 않으면서 사용해야 하는 형식화된 경어는 사용에 오용을 가져올 수밖에 없게 되고, 오용에 대한 지적마저도 권위주의적이라는 부정적 인식과 바른 언어교육이 가져오는 중요성을 제대로 인식하지 못한 탓에, 한국인의 경어사용이 형식화의 과정을 밟으며 오용례를 양산하고 있는 것으로 생각된다. 그런 결과로서 경어 형식을 무턱대고 사용해버리는 경향이 많아지고, 오류에 대한 지적이나 교육은커녕 오류임을 알면서도 그대로 용인해버리는 사회적 분위기 속에서 잘못된 경어사용이 개선되지 못하고 있는 것이다.

손님이나 윗사람과 대화를 나눌 때에는 무조건적으로 경어형식을 사용해야 한다고 생각하여, 높일 이유가 없는 상황에서도 경어형식인 '시'를 남발하게 되는데, 요컨대 '이다 / 하다'보다는 '이시다 / 하시다'를 사용하는 것이 손님에 대한 높임말로 간주하고 사용하고 있는 것이다. 뭐 괜찮지 않느냐고 말할지도 모르지만, 사람에 대한 공손한 표현은 하지 못하면서 사물을 높이고 있으니, 듣고 있으면 부자연스러움에 그냥 웃어넘길 일은 아닌 상황이다. 경어에 대한 교육이 필요한 까닭이다.

○ '시'의 오남용사례 분석 ○

- 다음은 커피숍에서 점원이 고객에게 사용한 표현이다.

  (2) 생크림 올라가셨어요.
  (3) 커피 나오셨습니다.
  (4) 이쪽이 라떼십니다.

- 다음은 카드 / 보험 / 통신사 상담원이 고객에게 상품을 소개하며 사용한 표현이다.

(5) 연회비 없으신 카드시구요.

(6) 백세까지 보장되시는 보험이십니다.

(7) 인터넷과 결합되신 상품이십니다.

● 다음은 가방 매장에서 점원이 고객에게 상품을 소개하며 사용한 표현이다.

(8) 이 가방은 명품 가방이십니다.

(2)~(8)은 모두 '시'의 사용이 부적절한 예로 다음과 같이 '시'가 없는 표현으로 바꿔야 한다.

(2)′ 생크림 올라가셨어요.

➡ 생크림 올라갔습니다.

(3)′ 커피 나오셨습니다.

➡ 커피 나왔습니다.

(4)′ 이쪽이 라떼십니다.

➡ 이쪽이 라떼입니다.

(5)′ 연회비 없으신 카드시구요.

➡ 연회비 없는 카드입니다.

(6)′ 백세까지 보장되시는 보험이십니다.

➡ 백세까지 보장되(시)는 보험입니다.

(7)′ 인터넷과 결합되신 상품이십니다.

➡ 인터넷과 결합된 상품입니다.

(8)′ 이 가방은 명품 가방이십니다.

➡ 이 가방은 명품 가방입니다.

(2)′~(8)′은 모두 명사문 술어(명사+이다)의 주격인 대상이 사물이기 때문에 '시'의 사용은 적절치 않다. 손님에게 공손한 표현을 해야 한다 해서 무조건적으로 '시'를 사용하는 것은 잘못이다. 술어의 대상(주격)을 높일 필요가 없는 경우는 듣는 이만을 고려하면 되기 때문에, 듣는 이를 높여야 하는 경우에는 보통체 '이다'의 정중체인 '습니다'를 사용하면 충분하다.

2) 격식과 비격식

가) '요'와 '습니다'

듣는 이를 고려하는 정중체 형식에는 '요'체와 '습니다'체가 있다. '요'체와 '습니다'체가 사용되는 환경을 보면 두 형식이 나타내고 있는 의미 차이를 짐작할 수 있게 한다.

우리는 어릴 때 '요'체를 많이 사용하지만, 성인이 되어가면서 '습니다'체를 많이 사용하게 된다. 자식들이 부모에게 말할 때도 '요'체는 어머니에게 많이 사용하지만, '습니다'체는 어머니보다 아버지에게 많이 사용한다. 또한 여성에게서 '요'체 사용이 많은데 비해, 남성에게서 '습니다'체 사용이 많은 것이나, 처음 만난 사이에서 '습니다'체를 사용하다가 시간이 지나 가까워지면 '요'체를 사용하는 것도, '요'체와 '습니다'체의 의미 차이를 잘 보여주는 대목이다.

결국 '요'체가 가깝거나 편한 사이에서 사용되는 형식이라면, '습니다'체는 다소 예를 차려야 하는 경우에 사용되는 형식임을 알 수 있다. 즉 '요'체는 비격식체로 사용되고 '습니다'체는 격식체로 사용된다고 하는 문체적 차이가 있는 것이다. 그런데 최근에 '습니다'체를 잘 사용하지 않고, 많은 경우에 '요'체를 사용하는 경향이 두드러져, 대화가 매우 가벼워지면서 정중도 면에서 적지 않은 문제를 야기하고 있다. 정중도가 결여된 언어사용으로 인해 말하는 이의 신뢰마저 떨어뜨릴 수 있는 대화가 되어 가고 있는 것이다.

'~해'라고 하는 말을 듣고, '선배한테 무슨 말투냐'라고 하면 '~해요'처럼 '해'에 '요'를 붙여 가볍게 넘길 수 있다. '요'는 이처럼 장난스럽거나 임기응변식으로 보통체의 문말에 붙이기만 하면 쉽게 정중체의 표현으로 변화시킬 수 있는 그런 의미를 가지고 있는 형식이다. 그래서 상대를 높여야 할지 어떨지 어중간할 때는 그저 문말에 '요'를 붙여 적당히 넘어가는 경우가 많다.

요컨대 '요'체는 상대를 높이는 형식이기는 하지만, 가까운 가족이나 선배, 직장동료 등과의 대화에서처럼 서로 격의 없이 말할 수 있는 사이에서 사용하는 형식으로, 친소관계를 배제한 사회일반의 정중체로는 정중도가 떨어진다고 할 수 있다. 일부러 편한 사이이거나 가볍게 말하려는 의도가 아니라면 '습니다'체를 사용하는 것이 일반적인 정중표현이 되는 것이다.

'습니다'체를 사용하는 어린 학생을 접하면 왠지 의젓하고 믿음직스럽게 보여 공부도 잘하고 앞으로 잘 될 아이처럼 느껴지기도 한다. 반면에 성인이 된 자가 '요'체만을 사용하면 아직 유치하고 뭔가 성숙이 덜 된 자로 느껴져, 성인으로서의 신뢰감을 떨어트리는 경우도 있을 수 있다.

간혹 '습니다'를 군대에서 사용하는 권위적인 어투라고 말하는데, 전혀 잘못된 해석이다. 군대에서의 표현은 '습니다'체를 상명하복을 나타내기 위해 큰소리로 외치듯 말하는 어투 탓에 권위적 사회를 나타내는 형식인 양 지적하지만, 평범한 어투로 말하는 '습니다'체가 권위를 나타내는 형식이라고는 할 수 없다. 일반인들이 사용하는 '습니다'체에서 군인들이 상관에게 쓰는 '습니다'처럼 큰소리로 강하게 말하는 경우는 찾아보기 힘들 것이다. '습니다'체는 얼마든지 부드럽게 친근감 있게 말할 수 있는 형식이다. 군대의 권위주의를 타파한다며 '습니다'체 대신에 '요'체를 쓰게 한다는 것은 문제의 본질과 상관없는 옳지 않은 발상이라 하겠다.

나의 휴대폰을 열면 제작사의 컨텐츠에 나의 이름에서 성을 뺀 '○○님, 안녕하세요!'라는 화면이 뜬다. 제작회사는 내가 제품을 사서 이용해주니 감사한 마음으로 공손하게 서비스함이 마땅할 텐데, 어찌된 일인지 그저 가볍게 이름을 부르고 인사말을 건네고 있어, 제작회사에 가능하면 정중한 호칭과 표현을 해 달라 요청한 적이 있다. 한국 최고라는 회사마저 손님에 대한 서비스표현이 무엇인지 잘 이해하지 못하고 있는 듯 하여 매우 실망스럽고 불쾌하기까지 했다. 서비스란 정중한 것이 최고의 전제조건임을 잊어서는 안 될 것이다.

최근의 방송매체를 보면, 뉴스보도에서는 '습니다'체를 사용하고 있는데, 그 외의 프로그램에서는 '요'체 사용이 매우 두드러진다. 방송은 출연자들만의 대화이긴 하지만 일반국민의 시청을 전제로 하는 공적인 것이므로 대부분의 경우 '습니다'체를 사용함이 마땅하다. 어떤 외부에서 만들어진 내용이나 작품을 가져다 내보내는 것도 아니고, 오로지 시청자를 상대로 제작해서 내보내는 방송인 이상 격식을 갖춘 공손한 표현을 사용해야 한다. 경우에 따라 '요'체가 사용될 수 있는 표현이 있을 수 있겠지만, '습니다'를 사용할 수 있는 표현이라면 '습니다'체를 사용하는 것이 바람직하다.

ㅇ '안녕하세요?'보다는 '안녕하십니까?' ㅇ

인사말도 '안녕하세요'보다는 '안녕하십니까'를 사용하는 것이 상대를 배려하는 보다 정중한 표현이라 하겠다. 방송을 끝내는 진행자의 인사말도 모두 '고맙습니다, 감사합니다'를 사용하는데, 이것을 '고마워요, 감사해요'로 말한다면 매우 부자연스럽고 우스꽝스럽게까지 들릴 것이다. 들어줘서 고맙다고 인사하는 상황이라면 들어 주는 시청자에게 격식을 차려 공손히 말하는 것이 마땅할 것이다. '습니다'체는 공적영역이나 격식을 차려야하는 경우에만 사용하는 것이 아니라, 정중하게 말해야 하는 일상에서 널리 사용해야 하는 평범한 형식으로 생각해야 한다.

○ '요'만 쓰는 외국인 ○

그런데 최근에는 외국인에 대한 한국어교육마저도 '요'체로 일관되어 있는 듯, 방송뿐 아니라 일상에서 접하는 외국인들 대부분이 부자연스러운 '요'체만을 사용하고 있다. 실은 외국인에게는 '요'체가 '습니다'체에 비해 발음이 짧고 단순하여 쉬울 것 같아 보이지만, 오히려 짧은 만큼 자연스러운 리듬을 갖추기가 어려워, '습니다'체보다 발음이나 억양 면에서 매우 부자연스럽게 나타나는 경우가 많다.

최근 한국의 골프가 여성골퍼들의 활약에 힘입어 세계최고 골프선수들의 한국에 대한 관심이 한류 못지않게 높은 것 같다. 골프계의 황제라는 '타이거우즈'를 비롯한 몇 명의 선수들이 한국 골프방송의 광고에 등장하여 한국말로 골프공을 선전하는 장면이 있다. 세계 최고의 선수들이 모두 '좋아요. 최고예요'라며 연이어 한국어로 말하고 있어 한국인으로서 뿌듯하기는 했지만, 아주 짧고 쉬운 표현임에도 불구하고 외국인의 부자연스런 억양이 그대로 전해졌다. 외국인이니 당연한 것으로 받아들일 수 있는 일이지만, 언어학자의 입장에서 오히려 '좋습니다, 최고입니다'를 사용했으면 발음도 자연스럽고 정중함도 느낄 수 있지 않았을까 하는 생각이 들었다.

타이거우즈가 표현 말미에 '대박'이라 말하면서 광고를 끝마친다. 그 볼을 사용하면 대박이라니 세계 최고선수의 입에서 참으로 품위가 떨어지는 표현이 나와 재미가 있었다기보다는 당황스러움이 앞섰다. 기왕이면 품위 있는 한국말을 가르쳤더라면 좋았을 텐데 하는 생각이 들어 관계자들에게 다소 실망스러웠다. 유행처럼 사용되는 그렇게 바람직하지 않아 보이는 말을 가르쳐, 당대 세계최고의 선수에게 품격이 떨어지는 한국말을 사용하게 하고 있으니 한국인들의 언어사용에 대한 의식수준에 문제가 있음을 지적하지 않을 수 없다.

실제로 외국인들이 '요'체를 사용하면 어감이 맞지 않거나 억양이 부자연스러운 경우가 많지만, 상대적으로 '습니다'체를 사용하면 정중해지면서도 억양 등이 매우 자연스러워지는 경우가 많음을 느낄 수 있다. 언어리듬상으로도 '습니다'가 훨씬 자연스럽다는 것이다. 어쨌든 처음 보는 외국인이 '요'체라는 가벼운 말을 사용한다는 것 자체가 언어예절상으로도 맞지 않을 뿐더러, 발음 면에서도 결코 쉽지 않은 것이기에, 외국인에 대한 '요'체의 교육은 '습니다'체를 정확하게 습득한 이후의 과정으로 돌리는 것이 올바른 방향일 것이다.

이것은 정중체보다 반말체 사용이 훨씬 어려운 것과 마찬가지 이치일 것이다. 가끔 외국인들이 한국어를 많이 안다 하여 본인들보다 나이 어린 자들에게 '동사+아/어'의 보통체를 사용하는 경우가 있는데, '아/어'체로 말하는 의문문 등은 외국인이 익히기에 매우 어려운 부분으로, 듣고 있노라면 억양이나 리듬이 잘 맞지 않아 대부분의 경우 매우 부자연스럽게 들린다.

외국인에 대한 한국어교육에서는 한국인에게 쉬울 것 같은 표현이 외국인에게도 그대로 쉽게 받아들여지는 것은 아니라는 사실을 이해해야 한다. 외국인에 가르치는 '요'체는 한국인의 감각만으로 외국인을 생각하기 때문에 나올 수 있는 한국어교육의 오류라면 오류인 것이다. 이것도 일종의 '모국어의 간섭'이라 할 수 있다.

대화의 기본은 정중함에서 시작되는 것으로, 친근감은 서로의 인간관계가 잘 정립된 이후에 나타날 수 있는 것이다. 상대방과의 인간관계에 따라 친근한 표현도 쓸 수 있는 것이지, 무턱대고 친근한 표현을 쓰는 것은 사리에 맞지 않는다. 따라서 '습니다'를 모르고 '요'를 사용하는 것은 외국인의 경우 한국어의 체계를 이해하지 못하는 것으로 받아들여질 수 있어, 사회 일반에서 사용하는 교양 있는 표현으로서는 적절치 않을 수 있음을 유념해야 할 것이다.

○ '요'체의 오남용사례 분석 ○

● 다음은 홈쇼핑에서 물건을 주문했더니 세 차례에 걸쳐 온 카톡 문자 내용이다.

(9) 와우~! 〔○○○〕고객님의 센스 있는 선택!
〔○○○쇼핑〕주문이 접수되었어요. 좋은 상품 잘 고르셨네요~!
아래 계좌로 입금하셔서 좋은 상품 절~대 놓치지 마세요!
(…중략…)
〔○○○〕고객님! 더 자세한 내용이 궁금하세요?
○○○앱에서 보다 더 빠르게 확인 가능해요.

(10) 와우~! 〔○○○〕고객님! 〔○○○쇼핑〕주문 입금해주셨네요!
조금만 기다려주세요~ 좋은 상품으로 꼼꼼히 검수해서 배송해 드릴게요!
(…중략…)
〔○○○〕고객님! 더 자세한 내용이 궁금하세요? ──앱에서 빠르게 확인 가능하세요!

(11) 〔○○○〕고객님! 〔──쇼핑〕에서 주문한 상품이 내일 도착할 예정이에요!
(…중략…)
〔○○○〕고객님! 더 자세한 내용이 궁금하세요? ○○○앱에서 빠르게 확인가능하세요!

(9)~(11)는 문자 내용이 모두 장난스럽기 그지없는 표현들 일색이다. 구매고객에게 친근감을 나타내는 방법으로 가벼운 말씨를 선택했다면 이는 잘못된 처사이다. 구매해준 고객에 대한 고마움의 표시가 정중함이 아니라 장난기 서린 표현이어서야, 도무지 서비스를 하는 정상적인 회사라는 생각이 들지 않는다. (9)의 첫 문장부터가 완전히 장난치는 듯한 표현으로, 손님의 구매에 대해 평을 하는 듯한 표현들에 놀라지 않을 수 없다. 적절치 않은 문장내용에 표현들마저 모두 가볍기 그지 없는 '요'체 사용으로 일관하고 있어 어이가 없고 불쾌감을 주기에 충분한 언어사용이다.

그런데 다행히도 배송에 즈음한 문자메시지에서는 '상품을 맡겨둘 장소를 선택해주세요'를 제외한 모든 표현에 '습니다'의 공손한 문체로 되어 있어 별 문제가 없었다. '선택해주세요'도 '선택해주십시오'로 표현해야 할 것이다.

다음은 방송에서 나오는 사례들이다.

- 음악방송 사회자 A(남사회자)와 B(여사회자)의 음악방송 진행² 중 대화이다.

(12) A : 아이린씨, BGM의 뜻 뭔지 아세요?

B : 알죠. Back Ground Mugic. 배경음악이라는 뜻이잖아요.

A : 맞아요. 영화나 티비 프로그램에서 자주 만날 수 있죠. 음악을 들으

---

2 https://www.youtube.com/watch?v=BZ17KCtuRGs (9초~23초)

면 영화의 한 장면이 떠오르는 경험 누구나 한 번씩은 다 겪어 봤을
것 같아요.

➲ A : 아이린씨, BGM의 뜻이 뭔지 <u>아십니까?</u>

   B : <u>알고 있습니다 / 압니다</u>. Back ground Mugic. 배경음악이라는
뜻입니다.

   A : <u>맞습니다(그렇습니다)</u>. 영화나 티비 프로그램에서 자주 만날 수
<u>있을 것입니다</u>. 음악을 들으면 영화의 한 장면이 떠오르는 경험
누구나 한 번씩은 다 겪어 봤을 것 <u>같습니다</u>.

- 인기대상에서 A(여자 수여자)와 B(남자 수여자)가 수상자를 소개하기 전의
대화[3]이다.

(13) A : 제 이야기를 <u>빼셨어요</u>. 99년도에 대상을 받았었는데, 몇 회인지는
기억이 나지 않아요. 그때 왕과비로 <u>받았던</u> 기억이 나요.

   B : 대상뿐만 아니라 최우수상도 여러 번 받지 <u>않으셨어요?</u>

   A : 아까 작가분이 4번이라 쓰여 있는데, 정말 4번이 맞는지는 <u>모르겠</u>
<u>네요</u>.

   B : 수상 복이 <u>많으셨어요</u>.

   A : 감사합니다. 이제 발표를 <u>하겠는데요</u>. 과연 누구에게 최우수상의
영애가 돌아갈지?

➲ A : 제 이야기를 <u>빼셨습니다</u>. 99년도에 대상을 받았었는데, 몇 회인지는
기억이 나지 <u>않았습니다</u>. 그때 왕과비로 받았던 기억이 <u>납니다</u>.

   B : 대상뿐만 아니라 최우수상도 여러 번 받지 <u>않으셨습니까?</u>

   A : 아까 작가분이 4번이라 쓰여 있는데, 정말 4번이 맞는지는 <u>모르겠</u>
<u>습니다</u>.

---

3 https://www.youtube.com/watch?v=cKYlrMr5Xms (4초~30초)

B : 수상 복이 <u>많으셨군요</u>.

A : 감사합니다. 이제 발표를 <u>하겠습니다</u>. 과연 누구에게 최우수상의 영예가 돌아갈지?

● 인기대상에서 남수상자가 수상소감[4]을 발표하는 내용이다.

(14) 감사드립니다. 드라마는 정말 성공적으로 너무 좋은 반응을 얻었지만 저는 연기하면서 많이 부족한 모습을 많이 <u>봤었어요</u>. 그래서 참 좀 부끄럽기도 <u>한데요</u>, 정말 작년 이맘때쯤에 태양의 후예 촬영이 다 <u>끝났거든요</u>. 그래서 스탭 분들도 못 본지 오래됐는데 정말 여기저기서 지금도 많이 고생하고 계실 거 <u>같아요</u>. 너무 <u>보고 싶고요</u>. 그리고 정말 고생 많으셨고 스탭 분들 덕분에 이렇게 좋은 작품 남길 수 있었던 것 같습니다.

➡ 감사드립니다. 드라마는 대단히 성공적으로 너무 좋은 반응을 얻었지만 저는 연기하면서 저의 부족한 모습을 많이 <u>봤었습니다</u>. 그래서 참 부끄럽기도 <u>합니다만</u>, 작년 이맘때쯤에 태양의 후예 촬영이 다 <u>끝났습니다</u>. 그래서 촬영 관계자 분들도 못 본지 오래됐는데 여기저기서 지금도 많이 고생하고 계실 것 <u>같습니다</u>. 너무 <u>보고 싶습니다</u>. 그리고 정말 고생 많으셨고 촬영 관계자 분들 덕분에 이렇게 좋은 작품을 남길 수 있었던 것 같습니다.

● 제52회 백상 예술 대상에서 수상자(남배우)의 수상소감 발표[5] 중인 내용이다.

(15) 오늘 1부부터 백상예술상을 참석해서 무대를 지켜보면서 옆에 송송커플을 앉혀두고…함께 관람을 했었는데 <u>민망하네요</u>. 상을 받기가…아…다른 것을 떠나서 50부작 드라마라는 것을… 제가 수상소감을 하면 크게

4 https://www.youtube.com/watch?v=KHc7QkJRd4M (1분 20초~2분 2초)
5 https://www.youtube.com/watch?v=f2s_viuaaoY (1분 13초~2분 55초)

논란이 되는 거…도 알고 있습니다. 재밌지 <u>않아요</u>? 아…<u>모르겠어요</u>. 50부작 드라마 사극 육룡이 나르샤 아…작년을 생각하면 떠오르는 키워드들이 많고 참 많은 고민들이 스쳤는데 그 고민들이 참 부끄러운 고민들이었던 거 <u>같아요</u>. 50부작 내가 참 피곤한데 할 수 있을까? 혹은, 50부작 아… 그거 스타들은 안하는 것 아닌가? 솔직히? 사람들이 그런 말들을 <u>하잖아요</u>? 진짜 작품에 대한 이야기가 말고 작품을 둘러싸고 있는 가짜들에 대한 이야기 그런 것들에 별로 집중하고 싶지 않았던 것 같고, 그런 생각들이 드는 제 자신한테 굉장히 많이 부끄러웠던 것 <u>같아요</u>. 육룡이 나르샤 굉장히 자랑스러운 작품이었습니다.

배우나 탤런트들이 영화나 드라마에서 보여주는 대사는 작품에 따라 다르지만 바르고 정중한 경우가 많다. 즉 드라마 속에서 보는 배우들의 언어표현에는 정중하여 품위가 있는 경우가 많은데, 윗 수상소감에서처럼 사적인 상황에서의 표현은 '요'체를 많이 사용하여 그에 미치지 못하는 경우가 많아 아쉽다. 대본이 없는 상황에서도 드라마에서와 같이 정중한 표현을 연기하듯 구사하여 시청자들에게 좋은 언어를 들려 줘야 할 것이다.

- 공영방송 KBS 뉴스에서 진행자와 출연자들이 주고받는 대화내용[6]이다.

  (16) 김** : 두 분은 평소에 스스로 생각하기에 성격이 어떻다고 <u>생각하시나</u>
        <u>요</u>?
      오** : 저는 <u>무난해서요</u>. 별로 외부의 자극에 스트레스를 <u>안</u> 받아요.

---

6 KBS 아침뉴스타임 2018.8.1, 김**의 〈연예수첩〉

김** : 정말 부럽네요.

백** : 부러워요 진짜.

김** : 우리 백앵커께서는 굉장히.

백** : 많이 받아요. 소심해요.

김** : 약간 주변 사람들의 눈을 많이 의식하는 편이신건가요?

백** : 뭐 의식도 하죠.

오** : 잘하세요.

김** : 그러니까요. 지금은 전혀 문제가 없으시니까. 많이많이 자존감을 키우도록 하십시오. 저도 굉장히 많이 삐치는 편이거든요. 굉장히 잘 삐치는데, 저처럼 잘 삐치고 꽁 해있는 스타도 많이 있다고 합니다. 뭐 화통한 분들도 있으면 소심한 분들도 있어야죠. 어떤 스타들이 주변의 눈치를 많이 살피고, 지금도 꽁해 있을지 바로 확인해 볼게요.

올해로 데뷔 11년 차가 된 원조 한류스타 걸 그룹 소녀시대! 오랜 세월 함께한 사이라고 해서 다툼이 없었던 건 아니라고 하는데요. 그녀들이 가장 예민해질 때는 다름 아닌 음식을 앞에 둔 순간! (…중략…)

예상치 못한 반응에 서운함을 느낀 티파니 씨. 이제는 마음속 앙금이 다 풀렸으니까 이렇게 웃으면서 이야기할 수 있는 거겠죠?

'1박2일'을 비롯해 여러 예능 프로그램에서 활약 중인 개그맨 김준호 씨. '2013 KBS 연예대상'에서 강호동, 유재석, 이영자 씨 등 쟁쟁한 후보들을 제치고 대상을 받으며 최고의 해를 맞았는데요.

〔김준호 : "개그콘서트 제작진과 연기자들한테 감사의 말씀을 전하고요. 일일이 다 얘기하고 싶지만 이름이 기억이 안 나네요. 저 대상 먹었습니다!"〕

이렇게 기쁜 순간, 그에게 서운함을 느낀 스타가 있었으니~ 김준호 씨와 동기이자 자타가 공인하는 절친 사이, 김대희 씨인데요! 끝내 자신을 호명하지 않고 수상 소감을 마친 친구에게 언젠가 갚아주겠노라 마음먹었다고 합니다. 그로부터 1년이 흐른 다음 해 12월, 장소는 '2014 KBS 연예대상' 시상식장! 김대희 씨가 코미디 부문 남자 최우수상을 받은 건데요, 그토록 기다리던 순간이 드디어 찾아온 겁니다!

〔김대희 : "감사드릴 분들이 너무 많은데 마지막으로 딱 한 사람밖에 떠오르질 않네요. '준호야, 작년에 너 대상 탈 때 내 얘기 안 했잖아, 나도 안 할래.'"〕

세상 어디에도 없을 수상소감으로 그간 쌓인 서운함을 털어낸 김대희 씨. 역시 개그맨은 복수하는 방법도 기발한 것 같죠?

그런가 하면, 배우 윤상현 씨는 동료 연예인들의 행동에 단단히 삐쳤었는데요. 멤버들과 함께 합숙하는 '인간의 조건 2' 촬영 당시 늦잠을 잔 윤상현 씨. 먼저 일어난 멤버들이 제작진이 제공한 아침밥을 먹은 사실을 알아챈 뒤 서운함이 폭발하고 맙니다. (…중략…)

촬영은 계속됐지만 한 번 상한 마음이 쉽사리 풀어질 리 없는데요. 알 만한 사람은 안다는 윤상현 씨의 뒤끝! 앞으로 음식은 꼭 다 같이 나눠 먹기로 해요~

현실감 넘치는 연기력으로 '로맨틱 코미디의 여왕'이라 불리는 김선아 씨. 차승원, 공유, 현빈, 이동욱 씨 등 함께 호흡을 맞춘 남자 배우들 또한 화려합니다. 이쯤에서 드는 궁금증 하나! 시청률 50%에 육박하며 '김삼순 신드롬'을 만든 김선아 씨와 현빈 씨. 아니 대체 두 분 사이에 무슨 일이 있었던 걸까요? 사건의 발단은 1년 전으로 거슬러 올라갑니다. (…중략…)

한 치의 망설임도 없이, 당시 개봉을 앞둔 영화의 상대 여배우인 한지민 씨를 꼽은 현빈 씨가 내심 섭섭했던 것! 알고 보면 납득이 가는, 이유 있는 뒤끝이었네요. 친하다고 생각해서, 혹은 이 정도는 이해해주겠지~라는 생각으로 가까운 이들의 마음을 상하게 하는 경우가 많은데요.

불쾌지수가 치솟는 요즘, 상대방의 입장을 배려하는 말로 조금 더 상쾌한 하루를 만들어보는 건 <u>어떨까요</u>?

지금까지 꽁생원 김**의 〈연예수첩〉이었습니다.

위 사례에서 보듯이, 표현에 '요'체 사용이 두드러지고 있다. '습니다'체를 사용할 수 있는 곳에서도 '요'체를 사용하여, 전체적으로 가볍게 사적으로 나누는 대화처럼 되어 있다. 방송은 어떠한 언어적 수사라도 정중함이 훼손되지 않는 공손하고도 표준적인 표현이어야 하는데, 점점 더 시청자들을 고려할 필요가 없는 상황에서 주고받는 대화처럼 진행되어 가고 있어, 방송 진행자들조차 언어사용에 대한 공사구별을 하지 못하는 상황이라 하지 않을 수 없다. 방송인은 늘 시청자를 상대로 한다는 의식을 되새기고 방송에 임해야 한다. 방송은 방송인들끼리 재미있게 주고받으면 되는 사적영역이 아님을 다시 한번 인식해야 한다.

● 다음은 젊은 기자(A)와 일본특파원(B) 간의 대화내용이다.[7]

(17) 일본 땅값 40% 폭등 속출…인구 주는데 왜? : 네이버 포스트

　　A : <u>안녕하세요</u>? 집코노미TV입니다. 일본 정부가 지난 19일 공시지가를 발표했습니다. 도쿄 땅값이 6년 연속 상승했고 지방이 드디어 상승 전환했습니다. 일부 폭락론자들이 일본이 고령화되면서 인구

---

7 스타에디터3시리즈 콜라보 집코노미TV

가 줄어들고 부동산 값이 떨어지고 있다고 말을 하면서 한국도 똑같은 상황을 맞이할 것이라고 주장하고 있습니다. 그런데 정작 일본은 상승하고 있었습니다. 이 이야기를 김동욱 한국경제신문 일본 특파원과 이야기 나눠보도록 하겠습니다. 김동욱 도쿄특파원.

B : 네.

A : 올해 주요 도시 공시지가가 얼마나 <u>올랐죠</u>?

B : 일본 국토교통성이 19일 발표한 올해 1월 1일 현재 공시지가 전국 평균 가격은 전년 대비 1.2% 상승했습니다. 4년 연속으로 전국 평균 가격이 오른 것입니다. 이 평균 지가는 상업·공업·주택 용도를 합쳐 구한 것입니다. 특히 일본의 지방 공시지가가 거품경제 붕괴 이후 27년 만에 처음으로 상승세로 돌아섰습니다.

A : 일본 집값이 떨어지는 게 아니었나요? 인구 감소 때문에 폭락했다는 뉴스를 많이 <u>봤었는데요</u>.

B : 예, 기준을 어떻게 잡느냐, 어느 지역을 중점적으로 보느냐에 따라서 다르게 말할 수 있을 것 같습니다. 1990년대 거품경제 정점을 기준으로 본다고 하면 현재도 지가가 높다고 말하기는 힘듭니다. 아직도 전국 평균 지가는 1991년 정점의 40% 수준에 불과합니다. 하지만 2009년 이후로 본다면 꽤 올랐다고도 말할 수 있습니다. 1990년대 초에 일본 부동산 가격은 말 그대로 대폭락을 했습니다. 하지만 2000년대 중반 고이즈미 정부 때 꽤 많이 반등을 했고요. 2008년 '리먼 사태' 직전까지 많이 올랐습니다. 이를 두고 일본 사람들은 '미니 버블'이라고 부르기도 합니다. 그런데 글로벌 금융위기가 닥치면서 다시 주저앉았다가 2013년부터 아베노믹스가 시행된 이후에 다시 상승하고 있는 중입니다. 지역적으로 도쿄 지역 지가는 거품경제시기를 이미 웃돌고 있습니다.

A : 방금 말씀하신 내용 중에 아베 정부 들어서서 올랐다고 <u>하셨는데</u>

요. 그러면 어떤 순서로 어느 지역이 먼저 올랐는지 말씀해주실 수 있나요?

B : 가장 먼저 6년 전 도쿄, 오사카, 나고야 등 소위 3대 도시권이 먼저 반등했습니다. 그 뒤를 이어서 삿포로, 센다이, 히로시마, 후쿠오카 등 4대 거점도시가 떠올랐습니다. 올해 공시지가에서는 지방 공시지가가 27년 만에 다시 상승했고요. 드디어 지방도 상승대열에 동참한 것으로 볼 수 있습니다.

A : 꽤나 긴 기간 동안 오르고 있네요?

B : 네. 도쿄 권은 6년째 상승중입니다. 도쿄 중심지인 긴자지역은 4년 연속으로 사상 최고치를 찍었습니다. 지가 상승률도 꽤 높습니다. 꽤 많이 오르다보니 일본 내부에서도 거품론이 없지는 않습니다.

A : 그러면 최근에 가장 가파르게 오르고 있는 곳은 어디죠?

B : 지방보다는 3대 대도시권이, 3대 대도시권보다는 4대 중핵도시가 더 많이 올랐습니다. 일본 상업지는 평균 2.8% 상승했습니다. 하지만 도쿄, 나고야, 오사카 등 3대 도시권만 보면 상업지역 상승률이 5.1%나 됩니다. 그런데 삿포로, 센다이, 히로시마, 후쿠오카 등 4개 거점도시의 상업지역 평균 상승률은 9.4%입니다.

A : 그러면 용도별로는 어떤 용도가 오르고 있죠?

B : 앞서 말씀드린 것처럼 상업지역이 가장 많이 오르고 있습니다. 도쿄 지역의 경우, 주택지는 1.3% 오른 반면 상업지는 4.7%나 뛰었습니다. 오사카 권은 주택지는 0.3% 오르면서 제자리걸음을 하고 있지만 상업지는 6.4%나 껑충 뛰었습니다.

A : 왜 이렇게 오르고 있는 건가요?

B : 일본 언론들은 외국인 관광객 유입, 역세권 재개발 등을 이유로 뽑습니다. 이런 지역 상승률이 엄청납니다. 홋카이도 스키 관광 중심지 등에선 50% 안팎으로 상승한 곳도 적지 않습니다. 일본의

외국인 관광객 수는 2012년 836만 명에서 지난해 3,119만 명으로 네 배 가까이 늘었습니다. 쇼핑 및 숙박 수요가 몰리면서 역세권 등이 재개발 됐고, 다시 지역의 교통이 편리해지면서 관광객 유입이 되는 선순환 효과가 발생하고 있습니다.

A : 홋카이도에서 50% 상승했다고 했는데 구체적으로는 어디죠?

B : 스키 마니아들에게는 파우더 눈으로 유명한 홋카이도의 굿찬 지역이 50%나 올랐습니다. 1m^{2}당 5만 엔에서 7만 5천 엔으로 뛴 것입니다. 이곳의 한 주택은 전국 주택지 상승률 1위를 기록했습니다. 다른 곳에서도 주로 상업지역 상승률이 높습니다. 오사카에선 관광 중심지인 주오구 상업지역이 44.4% 급등했습니다. 교토 관광의 중심인 기온 상업지도 43.6% 뛰었습니다. 도쿄에선 아사쿠사역 주변이 34.7% 올랐습니다.

A : 지금까지 상승률 말씀해주셨는데 공시가격 그 자체로만 놓고 봤을 때 1등은 어디인가요?

B : 일본을 대표하는 상업지역인 긴자 상업지역입니다. 이곳 야마노 악기 긴자점 자리가 1m^{2}당 5,720만 엔을 기록했습니다. 우리 돈으로 5억 8,141만원입니다. 3.3m^{2}로 환산하면 19억 1,865만원이 됩니다. 한국에서 공시지가가 가장 높은 곳은 명동 네이처리퍼블릭 자리죠. 여기가 1m^{2}당 1억 8,300만원, 3.3m^{2}당 6억 390만원입니다. 긴자가 세 배 이상 비싸다고 볼 수 있습니다.

A : 그러면 1991년에 버블 붕괴가 있었던 직전 가격을 회복한 곳도 있나요?

B : 네. 속속 나오고 있습니다. 주로 대도시 상업지역이 그런데요. 앞서 말씀드린 긴자가 대표적입니다. 4년째 사상 최고가 기록을 경신하고 있습니다.

A : 네. 그렇군요. 양극화도 심하다는 얘기를 들었는데요.

B : 지방을 살펴보면 못 오른 곳도 많습니다. 지난해 홍수와 태풍피해가 컸던 히로시마 현, 후쿠야마 현 같은 곳의 하락폭이 컸습니다. 인구가 줄고 고령화가 심해지는 지방일수록 지하철역에서 멀수록 땅값도 힘을 쓰지 못하는 모습입니다.

A : 어쨌든 전국 지가는 오르고 있다는 건데요. 이게 굉장히 아이러니하네요. 인구구조 변화가 집값의 결정적인 변수는 아닌 건가요?

B : 땅값도 수요와 공급에 의해 형성되고 인구감소가 수요에 미치는 영향이 큽니다. 인구가 매우 중요한 변수인 것은 분명합니다. 하지만 소득 등 다른 변수도 워낙 많고, 국지적으로 재재발이 이루어지는 등의 영향이 있어서 일괄적으로 말하기 참 어렵습니다. 일본에서도 지방이지만 육아환경을 개선한 곳, 상업시설을 재정비한 곳 등은 지가가 상승했습니다. 단순히 전체 인구구조만으로 부동산 가격을 설명하기는 힘들어 보입니다.

A : 일본 특파원과 함께 일본 공시지가에 대해서 알아봤습니다. 앞으로도 국내 투자자들에게 참고할 만한 내용 자주 전해주시길 바라겠습니다. 감사합니다.

B : 감사합니다.

A : 일본 공시지가가 오르고 있다는 내용 알아봤습니다. 일본 부동산을 얘기할 때 팩트체크 해야 하는 것도 잊지 말아야 할 것 같습니다. 지금까지 집코노미TV였습니다.

위 사례를 보면, 젊은 기자 A는 B와의 대화에서 거의 모든 경우에 '요'체를 사용하고 있다. 가벼운 문체로 진행하는 대화이다 보니 결과적으로 내용이 공손하게 다가오지 못하고 있으며, 자칫 정보전달의 신뢰도마저 떨어트리고 있는 것이 아닌가

하는 느낌이 든다. 그에 반해 일본특파원 B는 거의 모든 표현에 '습니다'체를 사용하며 공손하게 표현하고 있어 전달내용에도 신뢰감을 느낄 수 있다. 가볍게 말하는 자와 공손하게 말하는 자는 정보전달의 신뢰도에도 영향을 미쳐, 가벼운 말씨에서는 정보에 대한 신뢰감이 감소할 수 있어도, 공손한 말씨에서는 정보에 대한 신뢰감이 상대적으로 높아질 수 있는 것으로 생각된다. 문체의 가볍고 정중하고는 듣는 이에게 거부감뿐만 아니라 신뢰의 문제로도 작용할 수 있는 요소인 것이다.

시청자를 상대로 하는 대화는 늘 정중함을 우선으로 해야 할 것이다. 젊은이들이 아무 거리낌 없이 거부감을 주는 표현들을 스스럼없이 한다는 자체가, 바르지 못한 언어를 바른 것으로 이해하고 사용하고 있다는 방증인 것이다.

욕설을 들으면 화가 나거나 우스운 말을 들으면 웃거나 하는 반응은 즉각적인 것으로, 상대의 부적절한 표현에는 바로 느끼게 되는 것인데, 상기 방송의 사례는 정중하고 공손한 언어사용을 기대하는 시청자들에게는 바람직하지 못한 언어사용으로 다가올 수 있다. 이를 느끼지 못한다면 그간 한국어사용에 있어서 지켜오던 규범들이 무너진 채 오래 방치되어 온 결과라고 할 수 있다. 즉 바른 언어를 오랫동안 사용하고 있지 않았다는 의미가 되는 것이다.

외국인에 대한 한국어 교육도 다음의 사례에서 보는 바와 같이 '요'체 사용을 교육내용으로 삼고 있어, 외국인들이 정중하지 못한 한국어를 구사하는 이유를 알 수 있게 한다. 외국인들이 올바른 한국어교육을 받지 못함으로써 일상생활에서 어색하고 부자연스러운 한국어를 사용하게 된다는 것이다. 정상적인 한국인들이 상황에 맞게 정중한 표현과 친근한 표현을 구별하는 것처럼 외국인들도 이를 구별하여 사용해야 하는데, 이 점을 이해하지 못하고 외국인들에게 친근함 속에서 가르친다 하여 격의 없는 가까운 사이에서 사용하는 비격식체의 형식만을 가르치고 있어 외국인들의 한국어사용에 많은 왜곡을 낳고 있다. 외국인들에 대한 바른 한국어교육에 커다란 문제를 드러내고 있는 것이다.

> • 다음은 2014년 EBS에서 방송된 한국어능력시험(TOPIK) 대비 강좌에서 강사의 발언을 발췌한 내용이다. 아래에 먼저 한국어능력시험 관련 간단한 설명을 붙인다.

(18) EBS 한국어능력시험(TOPIK) 대비 강좌[8] ― 01

    1. 어떤 문제들이 있을까요?

    2. 문제를 들어볼까요?

    3. 자 그럼 어떤 의문사들이 있고, 이런 의문사를 사용한 질문에 어떻게 대답해야 할까요?

    〈의문사 관련 텍스트〉

    거기가 어디에요? ― 영화관이에요.

    지금 무엇을 해요? ― 숙제를 해요.

---

8 TOPIK Ⅰ 제1강 듣기 1(2014년 10월) http://home.ebs.co.kr/topik/replay/5/…

누구를 기다리고 있어요? ― 엄마를 기다려요.

언제 수업이 끝나요? ― 오후에 끝나요.

이 구두 어때요? ― 아주 예뻐요.

몇 시에 만날까요? ― 일곱 시에 만나요.

왜 집에 가요? ― 친구가 놀러왔어요.

어디에서 밥을 먹었어요? ― 식당에서 먹었어요.

무슨 일을 해요? ― 저는 미용사예요.

도서관에 어떻게 가요? ― 버스로 가면 돼요.

➡ 거기가 어디입니까? ― 영화관입니다.

지금 무엇을 합니까? ― 숙제를 합니다.

누구를 기다리고 있습니까? ― 엄마를 기다리고 있습니다.

언제 수업이 끝납니까? ― 오후에 끝납니다.

이 구두 어떻습니까? ― 아주 예쁩니다.

몇 시에 만날까요? ― 일곱 시에 만날까요(시면 좋을 것 같습니다).

왜 집에 갑니까? ― 친구가 놀러왔습니다.

어디에서 밥을 먹었습니까? ― 식당에서 먹었습니다.

무슨 일을 해요? ― 저는 미용사입니다(미용 일을 합니다).

도서관에 어떻게 가요? ― 버스로 가면 됩니다.

- -

4. 자 여러분 한국에서 살 때, 고맙습니다·괜찮습니다·미안합니다 이런 표현을 자주 사용하지요? 이렇게 한국 사람들이 자주 사용하는 표현을 많이 알면 다음 문제를 쉽게 풀 수 있습니다.

〈한국 사람이 자주 사용하는 표현〉

다른 사람을 바꿔달라고 부탁할 때 ― 네, 바꿔 주세요.

도움에 감사를 표할 때 ― 고마워요.

떠나면서 다시 방문할 것임을 말할 때 ― 다시 오겠습니다.

만나서 반가울 때 ― 반갑습니다.

문 밖에 사람이 찾아왔을 때 ― 들어오세요.

부탁한 일을 잠시 처리할 때 ― 네, 잠깐만 기다리세요.

부탁할 때 ― 네, 부탁합니다.

사과하는 사람에게 답할 때 ― 괜찮습니다.

사과할 때 ― 미안합니다.

➡ 다른 사람을 바꿔달라고 부탁할 때 ― 네, 바꿔 주십시오.

도움에 감사를 표할 때 ― 고맙습니다.

문 밖에 사람이 찾아왔을 때 ― 들어오십시오.

부탁한 일을 잠시 처리할 때 ― 네, 잠깐만 기다리(려주)십시오.

5. 들은 내용과 같은 것을 고르기

　―듣기 문제 설명 전

　자 여러분, 여기가 어디인지 잘 들어보세요.

　―듣기 문제 보기를 본 후

　여자는 남자는 이렇게 시작하죠?

　―듣기 스크립트를 들은 후

　네, 두 사람이 어떤 대화를 나눴는지 한번 볼까요?

　네 이렇게 TOPIK I 듣기 문제를 풀어봤는데요.

　어때요 여러분, 쉬운 문제도 있고, 어려운 문제도 있지요?

　미리 공부하면, 다음 시간 공부할 때 조금 쉬울 거예요.

　다음시간에 만나겠습니다. 안녕히 계세요.

➡ ―듣기 문제 설명 전

　자 여러분, 여기가 어디인지 잘 들어보십시오.

　―듣기 문제 보기를 본 후

여자는 남자는 이렇게 시작하죠?

-듣기 스크립트를 들은 후

네, 두 사람이 어떤 대화를 나눴는지 한번 볼까요?(보겠습니다)

네 이렇게 TOPIK I 듣기 문제를 풀어봤습니다만.

어떻습니까 여러분, 쉬운 문제도 있고, 어려운 문제도 있지 않았습니까?

미리 공부하면, 다음 시간 공부할 때 조금 쉬울 겁니다.

다음시간에 만나겠습니다. 안녕히 계십시오.

(19) 03 〔쓰기〕 문장 완성하기 (140~146쪽)[9]

   1. 쓰기는 여러분들이 가장 어려워하고 부담스러워하는 영역이지요?

   2. 50분 안에 네 개의 문제를 푸셔야 하는데요.

   3. 어떤 유형으로 나오는지 함께 살펴볼까요?

   4. 이렇게 네 개의 문제가 출제 되는데요.

   5. 오늘은 쓰기 영역 첫 번째 시간으로 51번 문장완성하기를 해 볼
텐데요.

   6. 자 그럼, 문장 완성하기에 나오는 생활문들에는 어떤 것들이 있을까요?

   7. 문제를 쉽게 풀 수 있는 열쇠가 꼭 하나씩 있는데요.

   8. 그러니까 접속부사의 의미들을 잘 기억하고 계셔야겠지요.

   9. "학교에 갈래" 라고 했을 때 문장의 부호는 어떻게 될까요.

  10. 물음표가 와야 되지요.

  11. "학교에 가자" 라고 했을 때에는 마침표가 오고요.

  12. 그리고 세 번째는 학생들이 가장 많이 실수하는 부분인데요.

  13. 쓰기시험이니까 맞춤법이 정확해야겠지요.

  14. 학생이 선생님에게 보낸 메일이라는 것을 알 수 있죠.

---

9 EBS 한국어 TOPIK II [과정 맛보기(sample)] http://www.ebslang.co.kr/cours
e/cours...

1. 쓰기는 여러분들이 가장 어려워하고 부담스러워하는 영역일 겁니다.

2. 50분 안에 네 개의 문제를 푸셔야 하는데.

3. 어떤 유형으로 나오는지 함께 살펴보도록 하겠습니다.

4. 이렇게 네 개의 문제가 출제됩니다.

5. 오늘은 쓰기 영역 첫 번째 시간으로 51번 문장완성하기를 해보도록
하겠습니다.

6. 자 그럼, 문장 완성하기에 나오는 생활문들에는 어떤 것들이 있는지
보겠습니다.

7. 문제를 쉽게 풀 수 있는 열쇠가 꼭 하나씩 있습니다.

8. 그러니까 접속부사의 의미들을 잘 기억하고 계셔야 할 겁니다.

9. "학교에 갈래" 라고 했을 때 문장의 부호는 어떻게 됩니까?

10. 물음표가 와야 됩니다.

11. "학교에 가자" 라고 했을 때에는 마침표가 옵니다.

12. 그리고 세 번째는 학생들이 가장 많이 실수하는 부분입니다.

13. 쓰기시험이니까 맞춤법이 정확해야 할 겁니다.

14. 학생이 선생님에게 보낸 메일이라는 것을 알 수 있을 겁니다.

• 다음 예문은 TOPIK II 쓰기 기출문제에 대한 해설[10]이다.

다음 표를 보고 인터넷 문화의 장단점에 대해 쓰고 올바른 인터넷 문화를 만들
수 있는 방법에 대해 200~300자로 쓰십시오.(30점)

(20) 인터넷 문화의 장점과 단점인데요.

    장점, 어떤 거 있죠? 다양한 의견을 표현할 수가 있다. 그쵸 단점? 그쵸
    악성댓글 문제가 심각하죠. 악성댓글 우리 정말 중요한 게 있어요. 여기

---

10 [PASS TOPIK/KOREAN] TOPIK II 쓰기(Writing) Part. 1 http://www.koreatopi
k.com http://www.chamkorean.com

에 대해서 방법을 찾으려면 먼저 첫째 문제점이 있어야겠죠. 문제점에 대해서 알아야겠죠. 그리구요. 여러분 문제점만 알면 되나요? "그래 그게 문제야 그래서 뭐?" 이렇게 되면 안 되겠죠. 바로 옆에 여기에 대해서 그 문제를 해결할 수 있는 해결방법을 같이 생각해주세요. 생각들이 너무너무 많아요. 그 생각들을 다 여러분이 정리할 수 있는 시간이? 없죠. 네 그렇기 때문에 우리는 글을 쓸 때 30점짜리이기 때문에 너무 많이 쓸 필요는 없습니다. 여기서도 친절하게 얘기하고 있잖아요. 200에서 300자만 쓰면 됩니다. 여러분의 생각이 정말 좋고 많다라는 건 알고 있어요. 그치만 200에서 300자 정도라면 아마 문제는 두 개 정도만 얘기하고 그것에 대해서 해결 방법을 이야기를 하면 벌써 끝입니다. 여기 이 문제가 요청하는 그렇죠. 요구하는 그 문제의 조건에 맞는 겁니다. 그래서 너무 많은 생각들을 하실 필요가 없습니다.

(18)~(20)에서 보면 외국인에게 가르치는 한국어 표현이 전부 구어체의 비격식체로 되어 있다. 교재내용이나 그에 대한 설명이 모두 교육현장에서 사용할 수 있는 문체라기보다는 그저 사적인 영역에서 가볍게 말하는 문체라고 할 수 있다. 설령 학생들과 친근하게 말하고자 하여 설명이나 소개를 하는 경우의 '요'체 사용 정도는 상황에 따라 허용 가능한 것으로 이해할 수도 있겠지만, 문장으로 제시하는 경우에는 격식체인 '습니다'체를 사용해야 마땅할 텐데 전혀 그렇지 않다.

한국어의 모든 인사말이 가까운 사이에서나 가볍게 쓰는 비격식체 표현으로 일관되어 있어 언어교육자체가 정상적인 환경에서 이루어지고 있지 않다고 볼 수 있다. 사람 간의 관계에 따라 다양한 문체의 한국어가 사용되어야 하는데, 그런 요소가 전부 배제된 매우 단순한 언어사용이 자리 잡아가고 있는 모습이다. 상황에 따라 그에 맞는 다양한 표현이 있는 법인데, 서로 다른 상황인데도 표현들은 모두 한 가지로 같아지고 있어, 멋도 맛도 퇴색한 무미건조한 언어표현이 되고 있는 것이다.

상기 예문은 최근 외국인들의 한국어표현이 정중함은 사라지고 가벼운 구어체만이 남발되는 상황을 교육현장에서 직접 확인할 수 있는 사례들이다. 외국인이 낯선 한국인에게 평범한 수준의 공손한 문체가 아니라 가까운 사이에서 편하게 사용하는 문체를 사용하도록 가르치는 것은 외국인을 위한 올바른 한국어교육현장의 모습이라고 생각하기 어렵다. 모르는 자가 갑자기 정중하지 않은 말씨로 말해온다면 썩 좋은 인상을 갖기 어려울 것이다. 그와 마찬가지로 외국인의 언어도 우선은 정중한 문체로 구사되는 것이 당연한 이치이고 언어예절일 것이다. 학교에서의 '요'체 사용이 언어예절을 가볍게 만들고 행동마저 무절제하게 만들어가는 요인으로 작용하고 있는데, 그래도 외국인들에게는 '요'체가 아닌 '습니다'체로 한국어의 예법에 맞는 언어교육을 해야 마땅할 것이다. '요'체는 한국생활에 익숙해지면서 자연스럽게 습득될 수 있다.

나) '여성어'

사람은 누구나 주어진 환경에 맞는 언어를 사용하게 된다. 부모의 품에서 자라며 터득한 아이들의 언어가 사회인의 언어와 같을 수는 없다. 아이들에게는 아이들의 언어가 있고 그 언어의 느낌은 일반 사회인의 언어와 다른 것이다.

여성들도 오랫동안 여성들에게 주어진 생활환경에서 일반화된 언어를 사용해 왔을 것이다. 외부인과의 접촉이 제한적이고 가정 밖에서보다 안에서의 삶이 많던 탓에, 여성들의 언어는 그를 반영한 문체가 발달되고 후대로 계승되었을 것이다. 여성들에게는 가족 내에서처럼 사적영역에서 사용되는 비격식체의 언어가 일상의 언어로서 자리 잡으며, 남성들이 사용하는 언어보다 상대적으로 친근감이 있거나 부드러운 형식의 '여성어'를 탄생시켰을 것으로 생각된다.

언어는 사적영역에서 사용하는 경우와 공적영역에서 사용하는 경우에 차이를 보이는데, 격식에 구애받지 않는 편한 상황에서 사용하는 문체와, 정중하게 격식을 차려 사용해야 하는 문체가 적절히 상황에 맞게 사용된다. 그간 가정 안에서의 생활이 많던 여성은 사적영역에서 이루어지는 격의 없는 친근한 문체 사용에 익숙하고, 가정 밖 생활이 많은 남성은 공적영역에서나 사회일반에서 이루어지는 격식 차린 정중한 문체 사용에 보다 익숙했다 할 수 있다. 언어표현의 상당부분은 남녀 모두 공유하는 것이지만 일부 서로 다른 특징을 나타내는 부분이 존재하여, 표현을 듣거나 보면 여성체인지 남성체인지 구별할 수 있다. 즉 여성과 남성이 사용하는 언어에는 서로 형식의 차이도 있고, 의미상의 차이도 있어 어떤 형식을 사용하느냐에 따라 전달하는 느낌이 다를 수 있는 것이다.

일본어에서도 문말의 어미 등에서 남성들은 사용하지 않고 여성들만이 사용하는 형식이 있는데, 여성어가 부드러운 문체로 인식되고 있어, 이런 점은 한국어와 매우 유사하다고 할 수 있다.

가정에서나 친구, 직장동료 사이에서는 공손한 표현이라 해도 가벼운 문체로 처리할 수 있지만, 일반인이나 손님을 대할 때와 공적인 상황에서는 가볍지 않은 정중한 문체로 처리하여 무례나 실례를 범하지 않는 표현을 사용해야 하는데, 이것은 한국어나 일본어에 있어서 공통의 언어예절이라 할 수 있다. 당연히 남성들은 일반인을 상대로 하는 정중한 경어를 사용한다면, 여성들은 가까운 사람을 상대로 하는 친근한 경어를 사용하는 경우가 상대적으로 많았을 것이다. 요컨대 남성들은 여성들보다 사회일반에서 통용되는 언어를 일상의 언어로 보다 잘 구사하고, 그런 남성체의 언어가 사회일반의 정중체로 자리매김했을 것이고, 여성체의 표현은 친근감이 있을지언정 격식을 차려야 하는 사회일반의 언어로서는 자리매김하지 못했을 수 있다. 남성들은 비격식체뿐만 아니라 격식체도 잘 구사하지만 여성들은 격식체보다 비격식체를 잘 구사하는 경향이 있어 보인다.

현대사회는 여성의 사회참여가 급격히 늘어나면서 남녀 모두가 사회의 일반어를 동등하게 구사해야 하는 시대가 되었다. 그런데 여성들의 사회참여는 여성들이 익숙하게 사용하던 언어를 그대로 표출하게 하며 그 세력을 확장시켜, 사회일반에 통용되던 정중한 문체를 사용하지 않으면서, 사회의 많은 곳에서 사적영역에서나 쓸 법한 표현을 그대로 사용하게 하는 상황을 만들어내고 있다. 어느덧 사적영역의 문체가 공적영역의 사회생활에도 널리 사용되며, 경어로 정중한 표현보다 친근감을 나타내는 가벼운 표현이 사회일반의 언어로 자리잡아가고 있어, 그간의 정중한 언어사용이 약화되고 있는 추세이다. 특히 문말표현에서 여성들이 '습니다'체보다 '요'체 사용을 일반화하여 '요'체 표현이 사회일반의 정중표현처럼 변해가고 있는 모습이다.

우리는 태어나 자라면서 어머니의 영향을 받아 편안한 대화체를 익히게 되지만, 점차 아버지의 강하거나 때론 사회일반에서 사용하는 정중한 대화체도 익히게 된다. 즉 많은 사람들은 성장하면서 부드럽고 친근감을 담아내는 어머니의 말투와 사회에서 통용되는 규범성을 담아내는 아버지의 말투가 자연스럽게 자리 잡게 된다.

여성이든 남성이든 상황에 따라 부드러운 말씨나 정중한 말씨를 잘 익혀 친근함 속에서 사용하는 언어와 공손함 속에서 사용하는 언어를 구별하여 사용해야 하는데, 친근감과 부드러움을 추구하는 소위 여성어라 할 수 있는 표현을 사회생활이나 공적상황에서 사용하는 경향이 두드러져 규범적 언어사용에 혼란을 초래하고 있다.

대화는 친근함보다는 정중함이 우선시되어야 한다. 정중함이 바탕이 되어 친근함으로 발전하는 것이지, 처음부터 친근감을 추구하는 것이어서는 자칫 상대방에게 무례함이나 불편함, 불쾌감 등을 줄 수 있어 적절하다고 할 수 없다. **정중하고 공손한 표현이 친근감을 감소시킬 수 있다는 생각은 옳지 않다**. 오히려 친근감을 나타내는 편한 표현은 때와 장소를 구별해야 하는 언어예절을 지켜내지 못할 가능성이 높아 위험할 수 있다.

최근의 한국교단에는 여선생님의 비율이 많고 그들의 여성체적 언어사용에 영향을 받은 탓인지, 공교육을 받은 많은 젊은이들이 정중한 경어체에 대한 이해가 상당히 부족하고, 가벼운 경어체 이외에는 거의 사용하지 못하는 경향이 현저해졌다. 학교의 선생님은 여성이든 남성이든 교육언어에 균형을 이루어야 학생들이 올바른 언어를 습득하여, 친근하게 말해야 할 때와 공손하게 말해야 할 때를 구별할 수 있게 된다.

정도의 차는 있지만 실제로 TV의 교육방송 등에서 확인해보니, 강의를 담당하는 많은 여선생님들의 교육언어는 정중도가 매우 떨어지는 가벼운 문체사용이 두드러져, 성인이 듣기에 매우 불편했고 학생들이 듣고 배우기에도 적절하지 못한 언어로 생각되었다. 개인에 따라 편차가 있지만, 정중체로 '이래요 저래요' 등의 '요'체 사용이 주를 이루고, '습니다'체의 사용은 매우 드물었으며, 또한 교육자로서 삼가야할 유행어 등을 아무렇지 않게 사용하고 있어, 학생들에게 바르지 못한 언어사용을 일반화시킬 우려를 낳기에 충분했다.

그런 까닭인지 실제로 '습니다'체를 자연스럽게 사용하는 대학생들을 쉽게 찾아볼 수가 없다. 윗사람과 대화하며 정중하게 이야기해야 할 상황에서 그저 '요'체 한 가지 밖에 사용할 줄을 모르는 대학생이 대부분이다. 그뿐이 아니라 많은 경우에 가볍게 애교 부리듯 말하는 문체가 일상화되어 있어, 공과 사의 표현방법을 적절히 구별하지 못하고 있다. 한국인의 언어표현이 지극히 단순화하고 있음을 나타내고 있는 것이다. 우리의 일상에서는 부드럽고 친근감을 나타내는 표현이 더 많이 사용되는 것이지만, 이도 때와 장소를 구별하지 않고 잘못 사용하게 되면 상대에게 불쾌감을 줄 수 있으며 교양 없는 사람으로 오해받을 수도 있어 사회적응에 부작용을 낳게 만들 수 있다.

언어는 가까운 사이에서 편하게 주고받는 경우도 있지만, 정중하거나 격식을 차려야 하는 경우도 있고, 서비스업계에서 사용하듯 경어를 잘 구사해야 하는 경우도 있어, 상황에 맞게 적절히 구별해 사용할 수 있도록 교육되어야 한다. 친근함을 바탕으로 하는 표현도 사용해야 하지만, 정중함을 바탕으로 하는 격식 차린 표현도 잘 사용해야 하는 것이다. 사회생활을 위해서는 친근감 있는 표현에 앞서 정중함이 갖춰진 표현을 바르게 구사하는 것이 먼저로, 사회에서는 일반에 통용되는 정중한 표현을 일상으로 사용하고, 친근한 표현은 친근감을 표현할 수 있는 상황에서만 제한적으로 사용해야 한다. 언어란 상황에 따라 친근하기도 하고 정중하기도 해야 하는 것인데, 최근의 젊은이들은 정중한 언어사용은 없고 그저 가볍고 편하며 단순한 언어사용을 주로 하고 있어 언어교육의 개선이 시급한 상황이다.

언어는 행동을 수반하는 것인 만큼, 인내하거나 절제하는 품성을 배우지 못하면 거친 언어와 거친 행동이 난무하는 거친 사회로 나갈 수 있는 것인데, 작금의 현실에서 보면 자유로운 표현보다 절제하는 표현을 교육해야 할 상황에 이르렀다고 할 수 있다. 학생들을 정상적인 사회인으로 배출하기 위해 올바른 언어가 습득될 수 있는 교육환경을 제공해야 하는데, 이를 위해 교육현장의 언어는 남성이든 여성이든 정중한 표현으로 이루어지도록 해야 할 것이다. 친근한 표현은 학교 밖에서도 충분히 습득하고 있기 때문이다.

가벼운 행동을 동반하기 쉬운 가벼운 언어가 일반화됨으로써 초래될 사회문제를 해결하기 위해서는 균형 잡힌 행동을 동반할 수 있는 균형 잡힌 언어를 익히도록 하는 교육 환경이 필수이다. 학생들의 언어 및 행동에 선생님들의 교육이 절대적 영향을 미치고, 그 교육에 남녀 선생님의 역할분담이 필요한 것이라면, 남녀 선생님의 비율이 한쪽으로 치우치지 않는 균형 잡힌 교육 환경을 제공해야 학생들의 언어습득 및 행동발달에 긍정적인 영향을 줄 수 있을 것이다. 이런 면에서 교육현장에 여선생님과 남선생님이 함께하는 구조는 필수불가결한 요소이다.

◦ '여성체'의 오남용사례 분석 ◦

● 다음은 홈쇼핑에서 각질크림을 소개하고 있는 여성 쇼핑호스트[11]의 표현이다.

(21) 자 오늘은요 피부 좋으신 분들은 안 보셔도 괜찮아요. 하지만 묵은 각질들, 누런 피지, 블랙헤드, 화이트헤드, 각종트러블로 고민하신 분들은요 오늘 안 보시잖아요. 정말 땅을 치고 후회하실 거예요. 이제 피부 고민 좀 그만하고 싶지 않으세요? 정말 제대로 된 제품 만나서 광고에서 말하

---

11 https://www.youtube.com/watch?v=OY14v5z39rE (0초~33초)

는 것처럼 그 드라마틱한 피부의 변화라는 거 느껴 보고 싶지 않으세요? 오늘이 바로 그날입니다.

➲ 자 오늘은 피부 좋으신 분들은 안 보셔도 괜찮습니다. 하지만 묵은 각질들, 누런 피지, 블랙헤드, 화이트헤드, 각종트러블로 고민하신 분들은 오늘 안 보시면 정말 땅을 치고 후회하실 것이라 생각됩니다. 이제 피부 고민 좀 그만하고 싶지 않으십니까? 정말 제대로 된 제품 만나서 광고에서 말하는 것처럼 그 드라마틱한 피부의 변화라는 걸 느껴 보고 싶지 않으십니까? 오늘이 바로 그날입니다.

● 다음은 KBS방송에서 여성 아나운서들이 출연하여 대화를 나누는 프로그램[12]의 일부이다.

(22) B~F : 아나운서(여), G : 피부과 전문의(여)

B : '머리를 감고 수건을 바로 머리에 두르는 것이 두피 건강에 좋다' O일까요? X일까요?

D : 나 이거 알아. 아니야.

F : 아니야, 아니야, 아니야? 그러면 따라서…

D : 아~크게 되겠어. 크게 되겠어.

C : 눈치 빨라.

D : 이거 틀리면 나 큰일 나는데. 이거.

B : 김보민 아나운서는 머리감고 바로 두르신다고 하시지 않으셨나요?

D : 아, 그런 게 있는데. 그것도 바로 두르면 안 되고, 머리는 자연건조 상태가 사실 제일 좋대요. 바로 누워도 안 되고. 그래서 제가 안 된다는 얘기를 수없이 들었거든요. 그래서 그냥 머리를 일단 머리를 탁탁 털고, 터는 것도 너무 두피에 손상을 주면 안 되고. 자연

---

12 '그녀들의 여유만만' 2019.3.18(월)

건조를 하는 것이 제일 좋다고 생각했기 때문에, 급할 때만 그렇게 하고 두르는 건 별로 좋지 않다고 들었어요.

E : 저는 제가 경험자인 게, 머리를 보면은 머릿결이 굉장히 좋아 보이 잖아요.

F : 누가 그래요.

E : 아니 미용실에 갔더니 제기 두피가 많이 일어났다는 거예요. 제가 어릴 때부터 감자마자 수건으로 두르는 습관이 있었거든요. 드라이 로 하면은 안 좋다고 해가지고 수건을 둘렀어요. 그러면 두피가 습해져서 좋지 않다고.

B : 우리 아나운서들이 알고 있는 게 맞나요? 선생님.

G : 네, 정답은 X입니다. 다 맞았어요.

우리가 머리를 감고 나서 축축한 상태에서 두르게 되면 아무래도 그 습한 환경에서는 곰팡이나 세균 같은 게 자랄 가능성이 굉장히 많아지거든요. 그래서 특히 긴 머리 같은 경우는 두르고 계속 있는 경우도 꽤 많은데, 절대로 그렇게 하시면 안 되구요. 그리고 심지 어는 그렇게 머리가 축축한 상태에서 두르고 주무시는 분들도 있더 라구요.

E : 제가 그래요.

G : 그러면 두피가 남아날 수가 없어요. 그러면 두피에 자꾸 염증이 생기면 결국 그게 탈모로 이어지거든요. 그래서 절대로 그렇게 축 축한 채로 방치하시면 안 되고, 바로 좀 말려주시고, 자연건조가 더 좋기는 하지만 그래도 빨리 좀 말려주시는 것이 훨씬 좋습니다.

F : 사우나 들어가면은요. 그때는 수건을 감는 게 좋아요? 아니면 그냥 아무것도 안하고 머리 그대로 두는 게 좋아요?

G : 사실 그 뜨거운 환경에서는 머리가 많이 손상이 되거든요. 두피뿐만 아니라. 그래서 그때는 잠깐 해주시는 것이 좋구요. 더운 여름에

땀 많이 날 때 모자 쓰고 다니는 거 있잖아요. 그 안에서 습하면서 곰팡이 같은 거 많이 생길 수 있기 때문에 그거는 별로 좋지 않습니다.

E : 탈모이신 분들이 머리가 빠지면 부끄럽다 보니까 자꾸 모자를 쓰는데 이게 악순환인 것 같아요. 더 빠지고.

G : 네, 맞아요.

- A : 아나운서(남), B~F : 아나운서(여),
  G : 한의학 박사(여) H : 가정의학과 교수(남)[13]

(23) D : 안녕하세요. 그녀들의 여유만만의 김보민입니다. 여러분 문제입니다. 만병의 씨앗, 소리 없는 암살자, 시한폭탄으로 불리며 우리의 건강을 위협하는 존재, 가까운 곳에 있는 그 존재 무엇일까요?

E : 직장 상사

A : 직장 선배

D : 이게 유형은 아니야.

A : 저요, 저요, 저요. 스트레스, 스트레스, 스트레스 받으면 만병의 근원이에요.

E : 내가 너 때문에 스트레스 받아.

F : 저희 아빠가 당뇨가 좀 심하시거든요. 당뇨병은 한 번 걸리면 치료하기가 힘들잖아요. 나중에 만성이 되면. 당뇨?

C : 저 알 것 같아요. 유형이긴 하지만 너무너무 작으니까 무형이라 치면, 미세먼지 아니에요?

E : 나 정말, 정말, 정말.

C : 왜냐하면 미세먼지가 암도 유발할 수 있다고 해서 가장 걱정이거든요. 소리 없는 암살자는 미세먼지.

---

13 '그녀들의 여유만만' 2019.3.20(수)

D : 자 여러분이 많은 예상을 해주셨는데, 소리 없이 우리의 건강을 위협하는 존재, 바로 만성염증입니다. 눈에 잘 보일듯하면서도 안 보이는 염증, 오늘 만성 염증과 건강을 한 번에 잡을 수 있는 방법에 대해서 알아보고자 합니다.

A : 그렇습니다. 만성 염증을 타파하고 건강을 꽉 잡아주실 이경희 한의학 박사, 김규남 가정의학과 교수님 모셨습니다. 어서 오세요.

D : 만성염증이라고 하면은 우리가 염증이 만성으로 된다 이 정도로 볼 수 있는데 이거 만성염증 우리 눈에 보이나요?

H : 보이지 않기 때문에 문제겠죠. 앞에서 우리 김보민 아나운서께서 말씀하신 것처럼 소리 없는 시한폭탄 이렇게 표현하셨는데 감기에 걸려보시면 아시다시피 괴롭단 말이에요. 열도 나기도 하고 목도 아프기도 하고 붓고 그렇기 때문에 괴로운데, 이게 지나가면서 급성으로 오면서 시간이 지나면서 저절로 회복이 된다고 하면 결국 염증반응이라고 하는 것이 나쁜 만은 아닌데요. 반대로 이런 염증반응이 계속되거나 반복되거나 하면서 알 수 없는 상태에서 만성염증이 진행된다고 하면은 말씀하시는 대로 시한폭탄이 되는 것이기 때문에 만성염증을 잘 관리하실 필요가 있는 것이죠.

D : 그러면 이 염증이, 입안에도 염증이 있죠. 잇몸에도 염증이 있죠. 그 정도로만 생각을 하거든요. 한의학에서는 염증을 어떻게 보나요?

G : 한의학에서는 한자 염자가 혹시 아세요? 불 화자가 두 개 있는 것이 염자거든요. 염증이라는 것은 어떻게 보면 우리 몸의 불꽃반응이라는 거예요. 외부에서 나쁜 게 들어오면 소각장에서 소각해서 태워 없애듯이 나오는 것이 염증반응이기 때문에 어떻게 보면 꼭 필요한 반응인데 문제는 만성이 붙었잖아요. 너무 잦게 나올 때 문제인데, 더 재밌는 건 이 염자에다가 병변부를 붙여보면 담이라는 글자가 되요. 한의학에서는 이 담은 수액성 노폐 독소를 말하는데,

10병 9담이라고 해서 10가지 병 중 9가지는 이 담 때문이라고 말합니다. 그만큼 이 만성염증은 모든 병의 원인이 될 수 있다고 볼 수 있겠습니다.

A : 담 온다고 할 때 담 말씀하시는 거예요?

우리들의 대화는 일상에서 사적으로 이루어지는 경우가 많다. 사적인 상황에서는 당연히 친근한 표현을 주고받아야 할 것이다. 하지만 상황이 바뀌어 모르는 사람에게 말하거나 대중을 상대로 하는 방송이나 공적인 대화를 해야 하는 경우에는 예의를 지켜 공손한 표현을 해야 한다. (22), (23)의 문장들은 방송에서 시청자를 상대로 하는 대화인 만큼, 여성이 진행을 한다 하더라도, 여성들이 많이 사용하는 친근한 문체의 표현은 가능하면 격식을 차린 공손한 문체의 표현으로 바꿔야 할 것이다. '요'체는 친근한 사이에서 쓰는 비격식체의 어미인 만큼 그 사용이 더 익숙할 수도 있겠지만, 방송에서는 격식을 차린 '습니다'체의 사용을 일상화함이 마땅할 것이다. 평소 공손한 표현을 잘 익혀 생활화 하고 있다면 '습니다'체의 사용정도는 전혀 어려울 일이 아닐 텐데, 상대에 대한 예절보다는 자기중심의 편한 언어생활을 추구한 탓인지 최근의 많은 사람들이 정중하거나 공손한 표현에 익숙하지 못한 편이다. 상기 방송진행자들의 표현도 이 지적에서 벗어나지 못하고 있는 것이다.

3) '하시죠'와 '하십시오', '하시겠습니까?'

최근의 방송매체를 보면 젊은 아나운서, 진행자들이 공손해야 할 시청자를 상대로 하고 있으면서도 경어예절에 어긋난다는 사실을 이해하지 못한 채 옳은 듯이 사용하는 표현이 증가하고 일상화되고 있다. 시청자들을 향해 '다음을 보시죠'라는 표현을 아무 거리낌 없이 사용하고 있어, 방송사고인 줄 알았는데, 점점 더 사용빈도가 높아지며 정상어인 양 확대되고 있는 양상이다. 무언가를 하도록 요구하는 '하죠, 하시죠'는 가깝거나 한 사이에서 격식을 차릴 필요가 없는 경우에 사용할 수 있는 정중도가 떨어지는 표현으로, 방송진행자가 시청자인 일반국민을 상대로 하는 경어로는 적합하다고 볼 수 없다. 백번 양보하여 연령이 높은 진행자라면 상황에 따라 용인되는 경우가 있겠지만, 젊은 진행자들이 일반적인 상황에서 '하시죠'체를 사용하는 것은 매우 무례하고 당돌한 표현으로 받아들여지기 쉽다.

당연히 방송에서는 '보죠, 보시죠'가 아니라 '보십시오' 또는 '보시겠습니까?'를 써야 한다. 진행자는 비격식체의 직접적인 표현보다 격식체나 간접적인 표현을 사용해야 한다. 방송에서는 늘 상대를 존중하는 존경어나 자신을 낮추는 겸양어를 써야 하고 대개의 경우 격식체의 정중한 형식을 사용해야 한다. 무언가를 하도록 권하는 경우, 지시하고 명령하는 형식이 아니라 상대방에게 결정하도록 하는 형식을 빌릴 수 있는 상황이라면 그런 표현을 사용해야 하는 것이다. '하시죠'는 진행자가 자신이 결정하여 시청자에게 '~하라'고 지시하는 표현이 되지만, '하시겠습니까?'는 진행자가 시청자에게 결정하도록 권하는 표현이 되는 것으로, 시청자에게 '보시겠느냐고 묻는 형식이 간접적으로 '보라'는 의미를 전달하는 표현이 되어 정중함을 나타내게 된다.

명령체와 같은 '보시죠'는 상대에게 선택의 여지를 주지 않고 직접적으로 지시하는 표현이 될 수 있어, 시청자를 상대로 하는 방송에서는 적절하지 않은 표현이 될 수 있다. 무언가를 드시라고 하는 경우에 '드시죠'와 '드시겠습니까?'의 표현이 있을 수 있는데, '드시죠'라 하면 화자의 요구대로 하라는 의미가 되지만, '드시겠습니까?' 하면 청자의 의사로써 결정하라는 의미가 되어, 간접적인 형태로 '드시라'는 의사를 전달하게 되는 것이다. 따라서 정중한 표현으로 '드시죠'는 경우에 따라 부적절할 수도 있는 것이다. 음식을 선택하는 경우에도 이것을 '드시죠'가 아니라 '드시겠습니까?'를 써야만이 상대를 존중하는 정중한 표현이 된다.

다음처럼 식사의 메뉴를 권하는 경우를 생각해보면 '하시죠'의 부적절함을 쉽게 알 수 있다.

(24) 메뉴는 짜장면으로 하시죠.

(25) 메뉴는 짜장면으로 <u>하십시오</u>.

(26) 메뉴는 짜장면으로 <u>하시겠습니까</u>?

(24)~(26)에서 볼 수 있듯이 '하시죠'체는 그저 화자가 정했으니 그리 하라는 의미가 되어 정중한 표현이 될 수 없다. 격식체인 '하십시오'체도 적절한 형식이 되지 못한다. 상대에게 의견을 구하는 형식인 '하시겠습니까?'체만이 정중함을 갖춘 표현이 될 수 있는 것이다.

화자가 결정하여 따르라는 듯한 형식이 아닌 상대방이 결정하도록 의견을 구하는 형식이 정중한 표현이 된다. 따라서 방송에서 시청자에게 무언가를 유도하고 요구하는 경우에는 '하시죠'체가 아닌 '하시겠습니까?'체를 사용해야 언어예절에서 자유로울 수 있다. 주의할 점은 '하시죠'가 아닌 '하십시오'를 쓸 수 있는 경우도 있지만, 이것도 정중도를 유지할 수 없어 (26)처럼 '하시겠습니까?'를 써야 하는 경우가 있다는 것이다.

최근 젊은 여성 진행자의 표현에 너무 많이 등장하는데, 특히 젊은 진행자들의 경우 이와 같은 '하시죠'체의 사용에는 각별히 유의해야 한다. 공적상황이나 정중함을 갖춰야 하는 경우에는 '하시겠습니까'나 '하십시오'가 있으니, '하시죠'체는 처음부터 사용하지 않는 것이 최선이다. '다음을 보시죠'가 아니라 '다음을 보시겠습니까?'나 그렇지 않으면 적어도 '다음을 보십시오'나 '다음을 보시겠습니다'라고 말해야 할 것이다.

○ '하시죠'체의 오남용사례 분석 ○

● 아래는 강원랜드 국정감사 중에 국회의원 정**(1953년생, 남성) 자유한국
당 원내대표와 함**(1951년생, 남성) 강원랜드 사장간에 있었던 설전[14]에
대하여 다룬 기사이다. 감사자 입장인 국회의원 정**의 질의에 애매모호하고
불성실한 답변을 이어가던 함** 강원랜드 사장이 자꾸만 다그치는 정** 국회
의원을 향해 "다음 질문 하시죠"라 얘기하였고, 그 후 서로 간의 말에 대한
예의를 따지며 언쟁을 벌였다.

(27) 정**의원이 함**사장의 답변 태도를 문제 삼자 함** 사장은 "다음 질문
하시죠"라고 응수했다. 그러자 본격적인 언쟁이 시작됐다. 정**의원은
발끈하면서 "국회의원 할 때 그 따위로 질의를 받았느냐"고 쏘아붙였다.
그러자 함승희 사장은 "왜 목소리를 높이냐. 제가 뭘 어쨌다고 그러냐"고
받아쳤다. 함**사장은 또 "지금 나한테 반말 합니까"라고 묻기도 했다.
정**의원은 "국감을 받으면서 '다음 질문 하시죠'라고 하는 피감기관
(장)을 본 적이 없다"며 "이러니까 강원랜드가 민주당시절부터 무슨 공
화국이라는 이야기를 듣는 것"이라고 비판했다.

(27)은 '하시죠'체가 상대방에게 주는 어감이 매우 부정적이
라는 사실을 나타내는 단적인 사례이다. 정**의원의 '하시죠'체
에 대한 반응은 매우 정상적인 한국인의 감각으로, '하시죠'체
는 상대에게 충분히 무례하게 받아들여질 수 있는 문체이다.
별 내키지 않는 상황에서 화자의 거침없는 발언이었다고 볼 수

---

14 http://v.media.daum.net/v/20171020061237352 (함**-정** 국감서 설전 "다음
질문 하시죠" "왕년에 국회의원 했다고…" 기사中)

있다. 함**사장이 고개를 굽힐 이유도 없는데 국회의원들에게 공손하게 말하고 싶지 않았던 것인지도 모른다는 것이다. 그러니 정**의원은 '하시죠'체의 의미에 대해 매우 정상적인 감각을 소유하고 있었다는 말이 된다. 당연한 이치이다. 그런데 이런 '하시죠'체가 최근 정중하게 말해야 할 상황에서 무분별하게 사용되고 있어, 특히 방송매체에서 젊은 방송인들이 시청자들을 상대로 사용하고 있다니 놀라움을 자아내고 있다. 방송은 늘 바른 말을 사용하고 있는 것처럼 내세우고 있지만, 실은 말을 무기로 해서 살고 있는 아나운서 등의 많은 방송출연자들에게서 매우 부적절한 한국어 사용을 일상으로 목격하고 있어, 방송의 언어사용은 이미 정도를 벗어나 있는 상황이다.

삼일절 100주년 기념행사에서 대통령을 비롯한 내빈들이 나와 있고 국민들이 다 시청하는 방송에서, 여성 진행자가 '다음을 보시죠'라는 어처구니없는 표현을 사용하여 순간 놀라고 말았다. 진행자의 방송언어의 품격이 떨어지면서 기념식 자체가 가벼워진 듯한 느낌마저 들 정도였다. 하지만 그 진행자는 너무나도 태연하여 방송의 언어표현이 이 정도로까지 망가졌나 하여 놀라움을 금할 수 없었다. 과연 방송이 국민들에게 바른 한국어 사용을 보여줄 수 있는 매체인지 강한 의구심이 든다. 방송매체의 언어는 가장 교육적이어야 한다. 모든 국민이 이를 규범적인 것으로 보고 받아들이기 때문이다. 삼일절 100주년이라는 엄숙

해야 할 기념행사에서 진행자의 언어는 공손하고 정중해야 하는 것으로 가까운 사이에서 친근하게 말할 수 있는 상황은 아니다. '보시죠'와 같은 가벼운 문체의 표현을 사용했다는 것은 평소의 언어생활이 얼마나 가벼워져 있는지를 보여주는 대목으로 방송 언어의 문제점을 지적하지 않을 수 없다.

- 다음은 40대 중반의 남자 아나운서가 시청자들에게 사건보도에 앞서 내용을 환기하고 유도하며 하는 말이다.

(28) 이렇게 산후 우울증, 누구나 경험할 수 있는 일인데요. 자연스럽게 치유되는 경우도 있지만 문제는 극단적인 선택을 하는 경우입니다. 먼저 최근 연달아 일어났던 비극적인 사건들 보시죠.[15]

◎ 이렇게 산후 우울증, 누구나 경험할 수 있는 일인데요. 자연스럽게 치유되는 경우도 있지만 문제는 극단적인 선택을 하는 경우입니다. 먼저 최근 연달아 일어났던 비극적인 사건들(을) <u>보시겠습니까? / 보십시오.</u>

- 다음은 30대 중반의 여성 앵커가 사건보도를 하며 하는 말이다.

(29) 요즘에 영화 택시운전사가 상당히 많은 사랑을 받고 있는데요. 이 영화에 대해서 전두환 전 대통령 측이 이런 주장을 했습니다. 들어 보시죠.[16]

◎ 요즘에 영화 택시운전사가 상당히 많은 사랑을 받고 있는데요. 이 영화에 대해서 전두환 전 대통령 측이 이런 주장을 했습니다. 들어 <u>보시겠습니까? / 보십시오.</u>

---

15 http://imnews.imbc.com/replay/2017/nwtoday/article/4382221_21414.html
16 http://www.ytn.co.kr/_ln/0101_201708082327369323

• 다음은 KBS방송의 아침뉴스타임[17]과 스포츠하이라이트[18]에서 아나운서 A와 B가 하는 표현이다.

(30) A : 월요일마다 만나는 '시선 강탈! 화제의 1분' 시간입니다.

지난주에 새 가족 예능 프로그램 '엄마 아빠는 외계인'이 첫 선을 <u>보였는데요</u>. 과연 어떤 스타의 가족들이 등장했을지 잠시 후에 <u>보시고</u> 요. 바로 어제 방송된 '1박2일'에 국내 최장수 아이돌그룹 신화가 찾아왔습니다. 1박2일과 신화의 즐거운 만남, 지금부터 <u>확인하시죠</u>.

➡ 월요일마다 만나는 '시선 강탈! 화제의 1분' 시간입니다. 지난주에 새 가족 예능 프로그램 '엄마 아빠는 외계인'이 첫 선을 <u>보였는데(보 였습니다)</u>. 과연 어떤 스타의 가족들이 등장했을지 잠시 후에 <u>보시 겠습니다(보실 수 있겠습니다)</u>. 바로 어제 방송된 '1박2일'에 국내 최장수아이돌 그룹 신화가 찾아왔습니다. 1박2일과 신화의 즐거운 만남, 지금부터 <u>확인해 보시겠습니까?</u>

(31) B : 지난 시즌 우승팀, KIA타이거즈의 부진이 길게 이어지고 있습니다. 최근에는 4연패에 빠지면서 7위까지 <u>내려앉았는데요</u>. 더욱이 화요일, 4연승 중인 롯데와의 맞대결에서 패한다면 그 7위 자리마 저 빼앗기게 <u>되는데요</u>. 과연 위기의 KIA를 구해줄 해결사는 누구였 을지, 하이라이트에서 <u>만나보시죠</u>.

➡ 지난 시즌 우승팀, KIA타이거즈의 부진이 길게 이어지고 있습니다. 최근에는 4연패에 빠지면서 7위까지 <u>내려앉았습니다</u>. 더욱이 화요일, 4연승 중인 롯데와의 맞대결에서 패한다면 그 7위 자리마 저 빼앗기게 <u>되는데(됩니다)</u>. 과연 위기의 KIA를 구해줄 해결사는 누구였을지, 하이라이트에서 <u>만나보시겠습니까(만나보실까요)</u>?

---

17 KBS 아침뉴스타임 2018.8.6
18 KBS 스포츠하이라이트 2018.8.1

(28)~(31)에서처럼 최근 방송진행자들은 정중함이나 공손함 등에는 적절하지 않은 직접적인 형태의 표현을 사용하며, 그 표현의 부적절함을 깨닫지 못하고 있다. 언어에 대한 이해 부족으로 적절하지 않은 표현들이 일상화되고 고착화되고 있다는 증거인 셈이다. 상황에 따라 달리해야 하는 언어표현의 다양성이나 경어의 의미를 제대로 이해하지 못한 결과인데, 어떤 상황에서 어떤 경어를 사용해야 하는지 좀 더 숙고해야 할 것이다. 모두 '하시죠'가 아니라 '하시겠습니까'를 사용하거나, 또는 '하십시오'나 '하시겠습니다'를 사용해야 하는 표현들이다. 언어는 여러 면을 고려하여 사용해야 한다. 자신들이 평소에 사용하던 언어습관을 기존의 언어들과 비교하며 상황에 맞는 언어를 구사할 수 있도록 훈련해야 할 것이다.

4) '할게요'

언제부터인가 방송에서 진행자가 자신의 의지를 표현하는데 '할게요'를 사용하여 놀라지 않을 수 없었다. 방송이란 시청자를 대상으로 하는 만큼 정중한 언어가 사용되어야 하는데, 본인의 의지를 표현하면서 '하겠습니다'가 아니라 사적인 영역에서나 사용해야 하는 '할게요'를 사용하고 있어 받아들이기 쉽지 않은 상황이다. 시청자들이 진행자에게는 가볍게 전달하면 되는 대상이 되어버렸다.

더 놀랄 만한 일은 병원에 가면 접하는 일로 간호사 등의 병원관계자들이 환자들을 맞이하여 안내하며 '오실게요. 앉으실게요. 기다리실게요'처럼 모든 경우에 일관되게 '할게요'를 사용한다는 것이다. 서비스업에 종사하는 도우미들의 표현도 대동소이하여 손님에게 무언가를 하도록 요구하는 표현에 한결같이 '할게요'를 사용하여 그 오용이 심각한 수준에 이르고 있다. 타인에게 무언가를 하도록 요구하는 표현에 '~할게요'체를 남발하고 있어, 듣고 있노라면 대화를 주고받고 싶은 의욕이 상실될 정도로 어이가 없거나 불쾌하기까지 할 때가 많다. 고등교육까지 받았을 이 시대의 한국인들에게서 어떻게 이와 같은 표현들이 정착될 수 있었는지 의아하기만 하다. 한국어를 제대로 배우고 이해하는 교양인들이라면 일상으로 사용할 수 없는 표현들이다. 이미 엎질러진 물처럼 그 사용이 너무 일상화되어 이에 주의라도 주려고 하면, 무슨 케케묵은 훈장과 같다는 평이 되돌아온다.

인간이 동등하고 평등해진다 하여 언어표현을 가볍게 하거나 오용을 허용할 수는 없다. 우리가 지향해야 할 형태는 상호 존중하자는 것이고 상호 공손하자는 것이지, 가볍거나 잘못된 언어를 편하게 받아들이며 살자는 것은 아닐 것이다. 손님과 서비스업 종사자들과의 상호존중은 언어형식을 편하게 가져가는 데 있는 것이 아니라 서로 공손하게 하자는 의미일 것이다. 그런데 작금의 '할게요'는 심각한 오용으로 손님에 대한 공손함의 결여는 물론이고 손님에게 불쾌감까지 줄 수 있어, 이런 오용의 일상화는 언어에 있어서 긍정적 발전이 될 수 없는 부적절한 현상일 뿐이다.

'~할게요'는 기본적으로 화자의 의지를 나타내는 형식으로 타인의 행동을 요구할 때 사용하게 되면 자연스러운 표현이 되기 어렵다. 사용을 허용한다 하더라도 '할게요'는 '할게'에 가벼운 정중형인 '요'를 붙인 형식으로, 예절이나 격식을 차려야 하는 상황에서 사용하는 것은 적절하지 못하다. 요컨대 '할게요'는 의미와 정중도의 두 가지 측면에서 매우 부적절한 표현이라 할 수 있다.

화자의 의지를 나타내는 '할게요'는 '하겠습니다'의 구어적 표현으로 '할게(하겠다)'를 가볍게 높인 형태이다. '할게'를 제삼자에게 요구하는 경우에 사용한다면, 상대의 의사에 관계없이 화자의 지시대로 하라는 강한 의미의 표현이 되고 만다. 타인에게 요구를 하면서 '당신이 할게요 / 하실게요'보다 더 정중한 형태인 '당신이 하겠습니다 / 하시겠습니다'를 사용한다 하더라도, 그 의미는 화자의 말대로 하라는 직접적인 표현밖에 되지 못해 자연스럽지 못한 경우가 발생할 수 있다. 단적인 예로 상대에게 권하며 '요'를 빼고 '자 여기 앉을게', '이거 먹을게' 등으로 말해보면 그 표현이 매우 부자연스러워지는 것처럼, 상대에게 권하며 '할게요'를 사용하는 것은 적절하지 않은 잘못된 표현이다.

의뢰, 지시, 명령 등의 표현은 화자의 지시대로 하라는 강한 표현에서부터 의사를 물어 상대방이 결정하도록 하는 정중한 표현까지 다양한 방법이 있는데, '할게요'는 정중함과는 전혀 거리가 먼 형태로 손윗사람이나 병원, 기타 서비스업에서 사용하기에는 매우 부적절한 표현이다. 의미상으로도 어색할 뿐만 아니라, 정중도면에서도 떨어지는 '이럴게요. 저럴게요'를 손님에게 사용한다는 것은 납득하기 어려운 대목이다.

경어는 상대방이 결정하도록 유도하는 표현이 최고의 정중함을 유지할 수 있는 것으로, 손님이나 제삼자에게 무언가의 행위를 요구할 때는 '할게요'가 아니라 '하십시오', 더 정중하게는 '하시겠습니까?'를 사용해야 한다.

병원에서 환자에 사용하는 '하실게요'는 무례하여 듣기 거북한 표현이니, 모두 '하십시오' 또는 '하시겠습니까?'로 바꿔야 한다. 주의할 것은 '하십시오' 대신 '하세요'를 쓰면, '습니다' 대신 '요'를 쓰는 것과 같아 정중도가 떨어질 수 있다는 점이다. '어서 오십시오, 안녕히 가십시오' 대신 '어서 오세요, 안녕히 가세요'를 사용하면 정중도가 떨어지는 법이니, 손님을 맞이하는 것처럼 격식을 차려야하는 상황에서는 언제나 '(하)십시오' 체를 사용하도록 유의해야 한다.

(32) 이쪽으로 <u>오실게요</u>.

　　● 이쪽으로 <u>오십시오</u>.

　　● 이쪽으로 <u>오시겠습니까</u>?

(33) 조금만 <u>기다리실게요</u>.

　　● 조금만 <u>기다려주십시오</u>.

　　● 조금만 <u>기다려주시겠습니까</u>?

(34) 한분만 <u>올라가실게요</u>.

　　● 한분만 <u>올라가주십시오</u>.

　　● 한분만 <u>올라가주시겠습니까</u>?

(35) 준비됐으면 <u>치실게요</u>.

　　● 준비됐으면 <u>치십시오</u>.

　　● 준비됐으면 <u>치시겠습니까</u>?

　　● 준비됐으면 <u>치셔도 되겠습니다</u>.

　　(32), (33)은 병원에서 내원한 환자들이 간호사들에게서 듣는
표현이고, (34), (35)은 골프장(티박스)에서 시작에 앞서 캐디로
부터 듣게 되는 표현이다. (32)~(35)은 모두 상대방에게 '하라'
는 요구나 의뢰의 상황에서 사용하는 '할게요'로 정중함이 결여
된 매우 부적절한 표현이다. 모두 '하십시오'나 '하시겠습니까?'
등으로 바꾸어 사용해야만이 공손한 표현이 된다. 문제는 이런
표현들이 아무 문제의식 없이 사용되고 있다는 것인데, 잘못된

언어사용이 정착되어 평범한 일상어로 자리 잡아 가고 있다는 점에서 하루빨리 바로잡아야 할 오용들이다.

○ '할게요'체의 오남용사례 분석 ○

● 대형 병원에서 진찰 후, 검사를 기다리는 환자와 간호사 간에 있었던 대화로, 환자는 40대 후반의 여성이며, 간호사는 20대 후반의 여성이다.

(36) 간호사 : ○○○님 계신가요.

환　자 : 네. 여기요.

간호사 : 여기에 신발 벗으시고 체중 먼저 재실게요. 체중 다 재셨음 채혈실 가셔서 채혈하면 되시고요. 다 마치셨음 진료실로 가셔서 잠시 기다리실게요.

➡ 여기에 신발 벗으시고 체중 먼저 재겠습니다. 체중 다 재셨음 채혈실 가셔서 채혈하면 되시고요. 다 마치셨음 진료실로 가셔서 잠시 기다리시겠습니까? / 기다리십시오.

(36)의 '재실게요'는 무언가 잘 안 맞는 표현이다. 환자 스스로 '체중을 재라'는 이야기인지, 간호사가 '체중을 재겠다'는 이야기인지 명확하지 않다. 환자에게 스스로 재라는 것이라면 '재십시오' 또는 '재시겠습니까'가 자연스러울 것이고, 반대로 간호사가 '잴 테니 올라가라'는 의미라면 '재시다'는 불필요한 '시'의 사용으로 잘못된 경어사용이 된다. 그냥 '재겠습니다'가 자연스러운 표현이다.

- 병원에서 환자가 진찰 후 간호사에게 주사를 의뢰하며 오고 간 대화로, 환자는 30대 후반의 남성이고, 간호사는 20대 중반의 여성이다.

(37) 환　자 : 저기 감기 주사를 맞아야 한다고…

　　　간호사 : 네 저쪽 주사실로 <u>가실게요.</u>

　　　　➡ 네 저쪽 주사실로 <u>가시겠습니까? / 가십시오.</u>

　　　환　자 : 네…

　　　간호사 : 여기 <u>앉으실게요.</u> 주사바늘 들어갈 때 따끔하세요. 바늘 들어가요.

　　　　　　　(주사 후) 됐습니다. 솜으로 여기 꾹 <u>누르실게요.</u>

　　　　➡ 여기 앉으시겠습니까. 주사바늘 들어갈 때 따끔합니다. 바늘
　　　　　들어갑니다.

　　　　　(주사 후) 됐습니다. 솜으로 여기 꾹 <u>누르시겠습니까 / 눌러주십
　　　　　시오 / 누르고 계십시오.</u>

　　　환　자 : 저기 불편해서 그런데 혹시 반창고 있으면 주실 수 있나요?

　　　간호사 : 네 잠시만요. 반창고 붙여 <u>드릴게요.</u>

　　　　➡ 네 잠시만요. 반창고 붙여 <u>드리겠습니다.</u>

- 백화점 의류매장에서 옷을 고르는 손님과 점원 간의 대화로, 손님은 30대 초반 여성이며, 점원은 40대 초반의 여성이다.

(38) 손님 : 이 셔츠 검은색은 없나요?

　　　점원 : 검은색도 있으세요. 찾아드릴 테니 잠시만 <u>기다리실게요.</u>

　　　　➡ 검은색도 있습니다. 찾아드릴 테니 잠시만 <u>기다리시겠습니까?/
　　　　　기다려주십시오 / 기다리십시오.</u>

(36) ~ (38)은 상대방에게 의뢰 요구하는 표현이므로 '할게요'

는 '하십시오 / 하시겠습니까?' 등의 표현이 자연스럽다고 하겠다. 다만 (37)의 '반창고 붙여 드릴게요'는 화자의 의지를 나타내는 표현이므로 정중도는 떨어지지만 의미상으로 틀린 표현은 아니다. 하지만 정중하게 표현하여 '반창고 붙여 드리겠습니다'로 말하는 것이 옳을 것이다.

- 다음은 방송 뉴스보도[19]의 한 장면이다.

(39) A : 연예인들 보다 보면은 예쁘고, 잘생기고, 연기도 잘하고, 노래도 잘하고, 자신일도 잘하고, 게다가 몸매도 좋고, 정말 부러울 때가 많은데, 이렇게 완벽해 보이는 연예인들도 가끔은 질투를 할 때가 있다고 합니다. 귀여운 질투쟁이로 변한 연예인들은 어떤 분들이 있을지, 지금부터 확인해 볼게요.

⬀ A : 연예인들 보다 보면 예쁘고, 잘생기고, 연기도 잘하고, 노래도 잘하고, 자신일도 잘하고, 게다가 몸매도 좋고, 정말 부러울 때가 많은데, 이렇게 완벽해 보이는 연예인들도 가끔은 질투를 할 때가 있다고 합니다. 귀여운 질투쟁이로 변한 연예인들은 어떤 분들이 있을지, 지금부터 확인해 보겠습니다(보도록 하겠습니다).

(39)에서와 같이 최근에는 방송에서도 '할게요'를 아무런 거리낌 없이 사용하고 있어 방송언어의 부적절함을 잘 보여주고 있다. 특히 젊은 진행자들 사이에서 매우 남발되고 있어, 바른

---

19 KBS 아침뉴스타임 2018.8.7, 김** 아나운서

언어사용을 무기로 삼는 프로 방송인들에게서도 이런 상황이니, 한국어의 언어교육이 얼마나 잘못되어 있는지를 여실히 보여주는 대목이라 할 수 있다. 언어는 말하는 태도도 중요하지만 태도를 갖춘다 해도 정중한 표현을 사용하지 않아서는 이미 언어예절은 무너진 것이 된다. 그 쉬운 '습니다'체 하나를 제대로 사용하지 못한다는 것은 진행자로서의 언어사용 실격이라 해야 할 것이다. '할게요'는 가까운 사이에서나 사용하면 되는 것으로, 시청자를 상대로 하는 방송에서 말할 수 있는 언어형식은 아니다. 최근 방송매체의 젊은 진행자들에게서 나타나는 언어구사는 매우 불안정하여 듣고 있기에 불안하기까지 하다.

3. 위상어의 흔들림

언어는 성별, 연령 등의 차이에 따라 각각 다른 형태로 사용되기도 한다. 즉 언어는 속해있는 집단에서 사용하는 이른바 위상어가 있어, 성별이나 나이에 따라 사용하는 언어를 달리하는 법인데, 최근에는 이 위상어가 소속집단의 이동에도 불구하고 변화 없이 그대로 사용되는 경향이 있다.

위상어에 대해서 일본교육사전에 다음과 같은 기술이 있다.

언어는 화자·청자라고 하는 언어주체가 속한 사회집단의 차이나, 언어를 사용하는 장면의 차이에 의해 다른 형태를 취하는 일이 있다. 즉, 언어 사용자가 속하는 지역·성별·연령·직업·신분 등의 차이에 의해, 각각 다른 언어가 사용되거나, 회화와 문서·회화체어와 문장체어·상대와의 상하관계 등의 장면에 의해서도 사용되는 언어가 달라진다. 이와 같은 현상을 언어의 위상이라고 한다. 언어의 위상은, 어휘·음성·문법·표기 등, 언어표현의 각 면에 나타나는 것이지만, 특히, 어휘 면에 현저히 인정된다. 이들 위상에 의해 나타나는 각각의 어를 위상어라고 한다. (P, 303－필자 번역)

인간은 성장하면서 언어사용에 많은 변화를 보이게 된다. 어린이일 때는 어린이의 언어를 쓰고, 초중고의 학생 때는 학생의 언어를 쓴다. 초중고에 들어가면 어린이일 때 쓰던 언어는 변화하면서 새로운 언어로 발전하게 된다. 특히 학창시절은 선생님의 지도와 훈육을 받으며 언어의 발전을 이루지만, 학생들은 학생들 나름의 언어를 발달시켜 그들만의 언어를 갖게 된다. 은어, 속어 등이 자리 잡게 되고 그들만의 유행어를 만들어 사용하게 되는 것이다. 즉 위상어의 출현은 매우 자연스러운 일이지만, 그런 언어들도 성장과 함께 쇠퇴하기 마련이다. 성인이 되었는데 학생시절에 쓰던 언어를 그대로 사용하면 유치한 사람으로 평가받게 된다. 또한 여성은 여성대로 남성은 남성대로 성별에 맞는 언어를 습득하여, 여성체나 남성체의 언어를 사용하게 된다. 어른이 되었으면 당연히 어른

답게 사회에서 통용되는 보통의 언어를 자연스럽게 구사해야 하는 것이다.

과자를 나타내는 '까까'라는 단어나, 아이를 재울 때 쓰는 '코 하자 / 넨네하자'라는 말을 다 큰 학생들에게는 쓰지 않는 것과 마찬가지로, 누구나 소속집단에 맞는 어휘사용을 해야 하는 것이다.

그런데 최근에는 위상어의 사용이 소속집단을 이탈하여 보편화하는 현상을 보이고 있다. 즉 어린이가 사용해야 하는 표현을 성장하면서도 계속 사용하며, 학창시절에 사용하던 은어, 속어, 유행어 등을 사회인이 되어서도 그 사용을 자제하지 못하고 있다. 이는 학창시절에 쓰던 거칠고 저속한 표현들이 성인이 되어서는 허용되지 않았던 사회 환경이 변화한 탓으로 여겨진다. 아직도 그런 표현을 쓰느냐고 지적받아야 할 사항들이 이제는 아무렇지도 않게 된 것이다. 공교육의 붕괴, 사회의 방치, 무관심 등이 언어교육을 그르쳐, 어른이 되어서도 절제되어야 할 말들을 별 수치심도 없이 함부로 내뱉는 경우가 많아진 것이다.

단어는 같은 의미를 가지고 있지만 사용하는 환경이 다른 경우가 많다. 같은 의미의 단어라도 정중함을 갖춰야 할 때와 그렇지 않을 때를 구별하여 단어의 선택을 달리 해야 한다. 단어의 선택에도 공과 사를 구별해야 하는 등 주의를 기울여야 한다. 그런데 최근의 젊은이들은 비속어를 평범한 언어인 양 사용하는 경우가 비일비재하다. 가려서 해야 할 말을 이해하지 못하고 있는 것이다. '창피하다'고 해야 할 때에 '쪽팔리다'를, '혼동되다'를 사용해야 할 때에 '헷갈리다'를 사용하는 등, 기성세대들이 그 사용에 조심하던 말들을 아무런 거리낌 없이 사용하고 있어 듣기 거북한 경우가 많아지고 있다. 사적인 경우에는 사용하더라도 다소 격식을 차려야 하는 경우에는 바꿔쓸 줄 알아야 하는데, 젊은이들에게 그런 훈련이 되어 있지 않은 탓인지 가려서 써야 하는 단어인지 아닌지조차 모르는 듯한 상황이다. '먹다'를 '처먹다'라고 하지 않고 '죽다'를 '뒈지다'라고 하지 않는 것과 마찬가지로, 동일한 의미의 단어라도 사용되는 환경이 달라 그 선택에 주의해야 하는 경우가 있다. 즉 같은 의미의 여러 단어들이 의미역할을 분담하고 있어 상황에 따라 그에 어울리는 단어를 선택할 수 있어야 한다. 이런 지식이 갖추어지지 않게 되면 교양 있는 언어사용은 불가능하게 되어, 한국인이 싫어하는 '무식한 자'가 되는 것이다.

4. 막말사용 증가

바야흐로 문화의 시대에 접어들었다. 어떤 생활이 문화생활인지 생각할 여유도 없이 문화생활을 하지 않으면 인간다운

삶을 영위하지 못하는 것으로 판단하여 많은 사람들이 문화생활을 해야 한다며 나서고 있다. 영화나 연극, 공연 등의 예술행위를 직접 접하는 것이 문화생활 중의 하나로 자리 잡고 있는 것이다.

문화생활을 한다는 것은 인간의 삶의 수준을 높인다는 것일 텐데, 과연 우리가 문화생활이라 즐겨오던 것들이 인간의 삶의 질을 높이고 있는 것인지 의문이 간다. 우리에게 제공되는 수많은 문화행위들이 우리에게 거친 삶을 일반화하는 것으로 작용하고 있다면, 작금의 문화생활은 우리가 추구해야 할 의미 있는 내용의 것들이 아닐지도 모른다.

실제로 방송매체에서는 악하고 폭력적인 인간상이 일상으로 등장하면서, 그런 모습들을 해서는 안 될 일이 아니라 할 수도 있는 일인 것처럼 늘 보여주고 있어, 바르지 못한 언어와 행동을 일반화시키는 경향을 낳고 있다. 많은 사람들이 보고 접하고 추구해야하는 것으로 생각하는 영화나 연극, 드라마, 나아가 많은 매스컴의 오락행위들이 우리의 품격 있는 언어와 행동을 저해하고, 결과적으로 바람직하지 않은 인간상을 보편화하는 데 일조하고 있다. 그런 면에서 방송의 일부 드라마나 연예오락프로그램은 우리의 건전한 언어생활을 파괴하는 주된 요인으로 작용하고 있다고 말하지 않을 수 없다.

방송의 드라마나 예능프로는 교양 있고 품격 있는 말은 마치 가식적인 인간들의 표현이고, 오히려 아무 거리낌 없이 내뱉는 말은 솔직한 인간들의 표현인 양 막말을 일상으로 보여주고 있어, 우리의 언어생활에 매우 부정적인 영향을 끼치고 있다. 최근의 학생들은 언어표현에 욕설이 난무하고 은어와 속어 사용이 다반사이며, 평범한 일상적 대화에도 매우 공격적이고 격한데다가, 대화 자체도 단순하고 짧은 단어 몇 마디의 나열에 불과해, 언어사용에 많은 문제점을 드러내고 있다.

언어습득에 영향을 미치는 제반 환경을 바로잡아야 한다. 모든 것이 정도의 문제이지만 일반 대중을 상대로 하는 모든 문화예술행위는 보고 배울 수 있다는 점을 인식하고 언어와 행동에 주의를 기울여야 한다. 건전하지 않거나, 폭력적이지 않거나, 막말을 사용하지 않으면, 제대로 된 작품을 만들지 못하거나 인기를 얻을 수 없는 것이라면, 우리는 늘 부정적인 환경에서 살 수밖에 없게 된다.

늘 제기되는 남북문제에 대한 국민의 반응이 언론의 보도와 함께 시시각각 전해진다. 남북과 북미의 정상회담이 우여곡절 속에 요동치는 상황에서, 북한이 다시 무언가 발사체를 쏘아 올렸다. 이에 대해 중요 일간지 인터넷판의 표제어가 「"김정은이 엿 먹었다"…트럼프, 볼턴 첫 보고받고 격노」였다.

언론사의 난립으로 각 사들의 기사팔이를 위한 몸부림은 매우 측은해 보이기까지 하여, 매사 지극히 자극적이고 감정적인 표현을 빌리지 않으면 팔리지 않을 것이란 판단에서인지 도를 넘는 표현이 일상이 되고 있는 모습이다.

한 국가의 행위에 구어체에서도 막말이나 할 때 사용할 법한 '엿 먹이다'라는 표현을 서슴지 않고 사용하고 있어 놀라지 않을 수 없었다. 백번 양보하여 '한방 먹이다'라고 할 수도 있는 표현인데 속된 표현을 거침없이 하고 있다.

공공의 영역에서 정제되지 않은 막말 수준의 언어를 사용하게 되면 일반인들의 언어사용은 더더욱 거칠어질 수밖에 없다. 언행에 있어서 때와 장소를 가리는 모습을 가장 적절하게 보여줘야 할 언론매체들이 오히려 이를 무너트리고 있다. 언론의 선정적이고 자극적인 보도 방식은 국민의 분노조절장애를 부추기는 일로 이어질 수 있어, 사람을 살려야 할 붓이 사람을 해치는 무기로 변질될 수도 있는 상황이다. 언론은 언어적 수사에 힘써야 할 것이다.

언어가 변하는 것은 자연스러운 현상이지만, 그 변화는 발전적이어야 할 것이다. 그런데 교육수준이 현격하게 높아진 현 상황에서 한국인의 언어생활 수준이 높아지기는커녕 오히려 크게 뒷걸음질 치고 있는 것은 현재의 언어교육환경이 매우 열악하다는 사실을 나타내는 것인데, 이를 바로잡아야 할 방송매체마저 막말에 가깝거나 상황에 맞지 않는 언어를 남발하고 있어 건전한 한국어 사용의 퇴보를 조장하고 있는 실정이다.

○ '막말 사용'의 오남용사례 분석 ○

● 모 대기업 회장이 운전사에게 하는 말을 녹취[20]한 내용이다.

(40) 이 새끼야! 돈 주고 일시키는 건데, 그따위로 일하면 어떻게? 임마?
이 새끼들 웃기는 새끼들이네. 이거 어디서 굴러먹다 온 새끼들이 자꾸
내 앞에서 이따위로 일하고 있어? 새끼 무책임하게… 새끼 웃기는 새끼
네 이거… 월급쟁이 새끼가 일하는 거 보면 양아치 같은 거야… 마!!
새끼야 너는 월급 받고 일하고는 놈이야. 임마!! 너에게 돈을 지불하고
있어 정신상태가 글러먹었어…

갑과 을 사이에서 벌어지는 비정상적인 인간관계에 한국사
회가 출렁이고 있다. 사회의 조직 내에서 인간관계가 상하로
형성되어 힘센 자와 힘없는 자 사이에서 온갖 횡포와 언어폭
력이 자행되고 있다. 갑과 을의 관계는 비단 대기업의 회장들
에게서만 나타나는 현상은 아니다. 청소년들이 속해 있는 학
교에서부터 힘센 갑의 힘없는 을에 대한 폭력은 끊이지 않고
있는 것이 현실이다. 학생들 사이에서 나타나는 집단따돌림은
비일비재하고 그곳에서는 욕설과 폭행이 늘 함께하고 있다.
어려서부터 욕설과 폭행을 경험하며 살고 있는 현실에서 성인
이 되어 갑의 위치에 오르게 되면, 어려서부터 흔히 경험하던
갑의 횡포가 어렵지 않게 발현되는 것이 한국사회의 모습이라

20 https://www.youtube.com/watch?v=FBJsSCSTzaU (0초~50초)

할 수 있다. 가진 자들이 벌이는 가진 일상의 폭력은 일탈된 개인의 문제가 아니라 한국사회 전체가 안고 있는 문제라 해야 할 것이다.

사람을 가리켜 '새끼', '놈' 등을 너무나 쉽게 말하는 사회이며, 일상에서 누구나가 비속어를 아무렇지 않게 사용한다. 욕설과 같은 폭력적 언어사용으로 자신의 강함을 드러내려 하는 모습이다. 상관이 부하직원이나 기타 아랫사람들을 주의 주거나 나무랄 수도 있는 일이지만, 우리는 비인격적인 언어로 짓누르려는 경향이 강하다. 강함을 내세워야 할 때도 있겠지만 그럴 필요가 전혀 없는 상황에서도 너무 쉽게 강하게 몰아붙이는 듯한 언어표현들을 서슴없이 하고 있다. 욕설이 아니라 일상적인 언어로 사람을 비난하거나 거부하는 언어습관을 교육하고 익혀야만 한다.

● 뉴스 중 남성 공무원이 민원인과 나눈 상담내용 녹취록[21]이다.

(41) 말 똑바로 해, 젊은 친구가…
   말을 반토막으로 하지 말고 똑바로 하라고 똑바로
   이런 ×××없는 ×, ××가 없네…야, 너 내가 네 아버지뻘이다 ××…
   말을 똑바로 해야지.
   너 이따가 나와, 내가 너 찾아갈 테니까…

21 https://www.youtube.com/watch?v=qsLaDgp33RY (YTN뉴스 공무원이 민원인에 폭언)

우리는 곧잘 타인에 대해 평가하며 '싸가지'가 있다느니 없다느니 하며 쉽게 말해버린다. 타인에 대한 평가에는 신중해야 한다. 더구나 욕설이나 비속어들로 타인을 평하는 것은 그 자체가 잘못된 일로 있을 수 없는 일이다.

최근의 한국사회는 어떤 단어 하나만 잘못 사용해도 모두가 들고 일어선다. 약자들을 잘못 지칭하기만 해도 비난이 쇄도한다. 그 직업을 무시했다느니 비하했다느니 하며 비난의 목소리를 크게 높인다. 그간 한국인이 모두 차별적인 언사를 해왔다는 것과 같다. 동의하기 어려운 대목이다. 어떤 대상을 거론함에 있어서는 칭호의 문제가 아니라 그 대상에 대한 말하는 이의 태도가 어땠는지를 평가의 기준으로 삼아야 한다. 약자를 어떻게 불렀는지가 중요한 것이 아니라 그 약자를 어떻게 예우했는지가 중요한 것이다.

개인의 판단이 객관적이고 옳다고 주장하는 자체가 비난받을 일일지도 모른다. 타인에 대한 비판을 쉽게 할 수 없는 이유이다. 싸가지가 있는지 없는지 하는 타인에 대한 평가자체가 잘못된 처사일 수 있다. 우리는 늘 타인들에 대해 막무가내식 평가를 쏟아 붓는다. 자신의 흠결은 상관하지 않고 타인만을 도마에 올려놓고 비난하려 한다. 비난을 들을 법한 자도 비난의 말이 도를 넘거나 거칠게 되면 반발을 하게 되고 결국 상호간에 충돌이 발생하게 된다.

정의사회구현을 위해 불의에 굴하지 않고 나서야 하는 것이지만, 타인의 잘못을 지적하거나 비판하는 일에는 신중한 언어를 빌려야 한다. 가능하면 타인을 비난하는 일은 자제해야 하고, 어쩔 수 없는 경우라 하더라도 막말이나 욕설로 하는 비난은 진의를 왜곡하는 결과를 초래하고 만다.

● 남(B)녀(A) 커플사이에서 남자가 길거리에서 담배를 피웠다고 싸우고 있는 상황[22]이다.

   (42) A : 담배 안 핀다며?

       B : 별것도 아닌 걸로 난리야 또?

       A : 담배가 어떻게 별게 아닌데? 야 지나가는 사람은 무슨 죄야? 니 때문에 담배냄새 맡고 뒤졌으면 좋겠어? 어?

       B : 아니 담배는 내가 피는데 니가 폐암이 왜 걸리고 사람들에게 피해를 주는 게 뭔데?

       A : 아 미친새끼 넌 TV도 안보냐? 원래 폐암은 담배 안 피는 사람이 더 걸리는 거야? 다 니 같은 새끼 때문에 옆에서 간접흡연하고 강제흡연하니깐 그러니 걸리는 거라고…(…중략…)

       B : 담배하나 핀 걸로 지랄이야?

(42)에서처럼 가까운 사이인데 다툰다 하여 거친 언어를 사용하며 서로에게 막말을 퍼붓고 있다. 심심치 않게 접하는 장

---

22 https://www.youtube.com/watch?v=mZcBqxaH9rs&list=RDJDcy6vCOJ4A&index=3 (0초~1분 14초)

면이다. '난리야', '뒤졌으면 좋겠어?', '미친 새끼', '지랄이야' 등등 남녀 커플사이에서 사용할 만한 단어들은 아니다.

지성인의 산실이라는 대학에서도 친구들 사이에서 평범하게 주고받는 대화에 욕설이 섞여 있는 경우는 흔히 목격할 수 있다. 공교육이 무엇을 담당해야 하는지를 극명히 보여주는 대목이지만 한국의 교육은 그것이 민주사회의 정상적인 모습이라 항변하며 거칠고 피곤한 사회를 방치하고 있다. 오히려 학교라는 교육현장이 없었으면 학생들이 그런 경험을 하지 않았을 텐데, 학교가 주고받는 욕설이나 막말을 괜찮으니 하라고 조장이라도 하는 듯한 형국이다.

- 지하철 안에서 임산부 양보석에 앉아 있는 여성에게 연세 지긋한 남성이 말하고 있는 상황[23]이다.

(43) A : 나도 미안한데 너도 싸가지가 없어 얼른 인나? 너? 쪽팔린 건 잠깐 이고 얼른 인나 다음부턴 안 앉으면 되는 거고? 얼른 인나? 너 112 에 전화하냐? 정신 나간 애 아냐? 얼른 인나? 임산부들 앉게~ 나 술 안취했어. 니가 인나면 그냥 끝나는 거야 뭐 할려고 이렇게 고집 을 부리냐? 알아듣게 말하면 너 낯가죽이 그렇게 두껍냐?

B : 아저씨 앉아계신 분한테 왜 그러세요?

A : 이양반이 모르면… 제대로 알고 이야기를 해 제대로 알고 얘기를 해야지. 임신부 앉은 자리라 무조건 비워 놔야 한다고 무조건…

---

23 https://www.youtube.com/watch?v=2biRVuKzzpM

(43)은 타인에게 '싸가지가 없다', '일어나라', '정신나가다', '고집부리다', '알아듣게 말하다', '낯가죽이 두껍다' 등등 해서는 안 될 표현으로 점철되어 있다. 백번 양보하여 어른이 아랫사람에게 훈계를 하거나 주의를 줄 수도 있겠지만, 타인인 점을 감안하면 조심스럽게 해야 하는 것인데, (43)처럼 아랫사람이라 하여 쉽게 거친 표현을 사용하여 다툼으로 이어지는 경우가 많다. 아랫사람에게 잘못이 있다하여 거친 말로 지적하는 순간 자신도 잘못을 범하게 되는 것이다.

사회의 좋은 풍습이 지켜지지 않아 사람들의 마음을 상하게 하는 경우가 발생하고, 종종 이를 지적하면서 언쟁이 벌어지곤 한다. 어떤 상황에서도 가능하면 손아랫사람은 손윗사람의 말을 받아들이려 노력하고, 손윗사람도 손아랫사람에게 점잖게 말하는 습관을 들여야 한다.

● 사람들이 꽉 찬 지하철 안에서 예의 없이 발을 꼬고 앉은 A(젊은 남성)에게 다리를 풀어 달라고 말한 B(할아버지)에게 시비를 걸었다며 말을 하고 있다. C, D(몇 시민들)는 이 상황을 말리고 있는 상황[24]이다.

(44) A : 씨*놈아 놔!

C : 노인한테 뭐하고 있는 거야!

A : 잡지마 잡지마 야 나와 나오라고 야 나와 씨* 나이 처먹고 씨* 뭐하는 거야? 아저씨 내가 뭐 잘못했어? 잘못했냐고? 괜히 앉아 있는

사람에게 시비를 걸어?

B : 아니, 시비가 아니라 누가 시비를 걸어?

A : 경찰서 갈래? 너 서울역에서 안 내리면 죽여 버린다! 사람 잘못 건드렸어?

D : 야, 이 사람아 그만해! 서울역에서 내리면 어떻게 하겠다는 거야?

A : 서울역에서 내려 서울역에서 내리라고.

B : 누가 시비야 자네가 다리를 꼬고 불편을 주니깐 내가 할 말 했지 못할 말 했나? 지하철에선 발을 꼬지 말고 하니깐…

A : 웃긴 새끼네.

(44)에서처럼 '씨*(놈)', '웃긴 새끼' 등은 우리가 일상에서 너무나도 쉽게 내뱉는 욕설이다. 매우 심한 욕설임에도 많은 사람들이 화가 나거나 하면 무조건적으로 내뱉는다. 이런 심한 욕설이 터져 나오게 되면 이미 상황을 정리하기는 어려워진다. 우리가 '씨*(놈)'과 같은 극단적인 막말을 너무나도 쉽게 사용하고 있다는 것은 우리 사회가 다툼이 많다는 반증이다. 타인에게도 '죽인다'는 극한 말을 너무나도 쉽게 사용하여 사소한 일을 커다란 사건으로 만들어 낭패를 보곤 한다. 이런 막말사용은 반드시 근절시켜야 할 문제들이다.

- 학교 드라마에서 남학생 A와 B가 다투고 C가 말리는 상황[25]이다.

---

25 https://www.youtube.com/watch?v=IzY9gpFhIhA (학교2017 7월 24일 방송 1분 29초~2분 6초)

(45) A : 얌생이같은 새끼야!! 좋냐? 꼰질러서 니 상점 챙기니까?

　　B : 뭔 소리야? 나 아니거든?

　　A : 그 사실 너밖에 몰라 이 새끼야?

　　B : 나 진짜 아니라니까? 미치겠네 이 새끼.

　　A : 그러니깐 핸드폰 좀 보자고?

　　B : 됐어 남의 핸드폰을 왜 봐?

　　A : 좀 보자고 새끼야?

　　C : 왜 그래? 그만해?

　　B : 돌았냐? 이 무식한 졸부 새끼가?

　(45)도 타인에게 '새끼', '꼰지르다', '돌았냐?', '무식한 졸부 새끼' 등등 막말이 난무하고 있다.

　(44), (45)에서 보는 바와 같이 한국어에는 욕설이 되어버린 단어들이 너무 많다. 하대나 비난을 하는 경우 우리는 평범한 단어가 아닌 욕설과 같은 막말을 섞어 직접적으로 말하는 경우가 다반사이다. 일본어에 비한다면 한국어는 단어에서 비속어나 욕설 등이 차지하는 비중이 높은 편이라 할 수 있다. 어쨌든 일상생활에서 비속어나 욕설이 쉽게 사용되는 경향을 보여, 이로 인한 말다툼이 많은 사회가 되고 있다. 바른 언어를 사용하도록 하는 교육만이 바른 인간, 바른 한국을 건설할 수 있다. 이제 한국어도 특별한 경우가 아닌 한 욕설이나 비속어 등의 사용을 퇴출시키고 궁극적으로는 이런 단어들이 갖는 비속어적 의미도 희석시키는 노력을 해야 할 것이다.

언어는 인간의 됨됨이를 나타내는 것이다. 가까운 사이라 하여 늘 가볍게 말하는 습관을 버려야 한다. 아무렇지 않게 사용하고 있는 욕설 등이 습관이 되면 일상 대화에서 은연중에 욕설을 섞어 말하게 되고 욕설에 대한 감각 또한 무뎌지게 되어 상황은 더 악화하고 말 것이다. 현대사회가 점점 더 감정을 자제하지 못하는 사회로 빠져들고 있는데 욕설마저 일상화되어서는 감정을 쉽게 욕설로 폭발시키는 험악한 사회를 만들 수 있다.

화가 나든 안 나든 이런 막말사용이 용납되지 않는 사회를 구축해야 한다. 사람 간의 다툼을 줄이는 일이 선행되어야 하겠지만, 설령 다툰다하여 폭언이나 폭행이 쉽게 일어나지 않도록 하는 사회를 만들어야 한다. 이를 위해서는 가정과 학교의 잘못된 교육이 바로잡혀야 하고, 나아가 국가공권력이 잘못된 행동들에 대해 엄격한 대처를 해야만이 우리의 바르지 못한 언어와 행동을 개선시킬 수 있다.

5. 부적절한 영어사용의 증가

한 나라의 언어는 타국 문화의 유입과 함께 풍요로워진다. 외국으로부터 한국어에 없던 사물이나 개념 등이 들어오게 되면 그에 따라 외국어를 그대로 받아들여 사용하는 경우가 발생할 수 있다. 하지만 외국어는 한국어의 체계에 녹아들어 새로운 한국어를 탄생시키거나 외래어로 정착되어야 한다. 이런 과정을 거치지 않고 한국어사용에 외국어를 무분별하게 사용하게 되면 의사소통에 혼란을 초래하게 된다. 그런데 작금의 현실을 보면 한국어에서의 외국어사용은 정상범위를 벗어나 우려할 만한 수준에 이르고 있어 한국어사용에 커다란 문제를 야기하고 있다.

외국어는 외국인과의 의사소통을 위해 사용해야 하는 도구이다. 그런데 학자를 포함한 일부 식자층에서나 사용되던 외국어가 이미 평범한 젊은 층에서조차 일상으로 사용되고 있어 한국인끼리의 의사소통에도 지장을 초래하고, 결과적으로 자라나는 청소년들에게도 나쁜 영향을 끼치고 있다. 언론매체의 경제면이나 광고 등을 접하면 도대체 무슨 뜻인지 쉽게 이해할 수 없는 외국어 사용이 남발되어 있어 한국인이 한국어를 거부하게 되는 경우조차 나오고 있다. 한국어를 사용하는 한국인을 위해 쓰인 정보가 한국인에게 이해되지 않는 어처구니없는 일이 발생하고 있는 것이다.

문의 사회였던 한국은 교육열이 높고 많이 배워야 한다는 의식이 강하다. 유학을 선호하고 외국어 정도는 사용할 줄 알아야만이 정상인인 것처럼 되어버린 사회이다. **하지만 원래 의**

**사소통능력이 뛰어난 자란 상대방이 쉽고 편하게 이해할 수 있
도록 말하는 자**이다. 한국인에게는 한국어로 말해야만이 편안
한 의사소통이 되는 것으로 외국어를 섞어 말하게 되면 상대
가 이해하지 못할 수도 있어 원만한 의사소통이 되지 않을 수
있다. **한국어로 표현해야 할 말을 한국어로 말하지 못한다면 한
국어에 대한 지식이 부족하다는 의미**가 되는 것이다. 한국어에
없는 사물이나 개념을 제시하는 경우에도 한국어로 풀어 그
이해를 도와야 하는 법인데, 평범한 일상의 글이나 대화에서
외국어를 직접 사용하는 것은 듣는 이의 이해 따위는 상관없
다는 태도로 비칠 우려가 크다. 전공영역의 특별한 용어라 하
더라도 이를 한국어로 설명하지 않고 그냥 외국어로 말하는
것 역시 말하는 이의 일방적인 의사소통방식에 지나지 않아
듣는 이에 대한 배려 부족으로 결례에 해당할 수 있다.

영어와 한국어의 양 언어를 제대로 이해한다면 한국어표현
에 영어를 그대로 사용할 이유는 없다. 혹 한국어를 잘 모른다
면 우선 한국어공부를 하는 것이 옳다. 한국과 한국어를 아는
것이 한국인을 위해 표현하고 행동하는 기본자세여야 할 것이
다. 요즘과 같은 시대에 한국에 없는 개념이 그리 많이 존재하
리라고는 생각되지 않는다. 한국어로 생각하고 말하는 한국인
에게 무분별한 영어사용은 잘못된 자기 과시나 한국어에 대한
무지의 표출로 받아들여질 수 있는 만큼 당연히 지양해야 한다.

그런데 최근에는 '팁'이며 '콜라보'며 '바디감'이며 예전에 듣지 못한 단어들이 한국어사용에 새롭게 등장하고 있다. 한국어로 자연스럽게 표현해오던 말조차 갑자기 영어로 바뀌어 한국어에는 없었던 말인 양 사용되고 있다.

대화 중에 '팁'을 주겠다고 하여 돈이라도 주는 줄 알았다. 기존에 알던 '팁'이란 호텔이나 식당 등에서 서비스를 받은 대가로 주는 돈 정도의 한정적인 의미로 사용되고 있었는데, 이제는 뭔가 방법이나 아이디어 등을 알려주는 행위로 '팁'을 주겠다는 표현으로까지 그 의미가 확대되어 사용되고 있다. '팁'이란 말이 멋있어 보이는 것인지, 얼마든지 한국어로 할 수 있는 표현인데 참으로 어처구니없는 사용이다.

어떤 방송광고에 유명 연예인이 '콜라보' 하자며 외국어를 사용하고 있었다. 무언가 함께 하자는 의미로 사용하고 있는 것 같은데 한국어로 표현할 수 없는 말도 아니고 굳이 영어를 사용해야 할 의미를 찾을 수 없었다. 한국어로 나타낼 수 없거나 이렇다 할 의미를 가진 단어들도 아녀 보이는데, 한국어로 표현하면 무미건조하다는 것인지, 그저 뭔가 새롭게 튀어보겠다고 하는 것인지, 사적영역에서도 부적절한 일일 텐데 만인이 볼 수 있는 방송에서 그런 것으로 광고효과를 내겠다는 얄팍한 생각이라면 잘못된 일임에 틀림없다. 영어가 아닌 한국어로는 제대로 된 표현효과를 내지 못한다는 발상은 매우 잘못된 것으로 한국어의 가치를 훼손하는 일일 뿐이다. 외국어는 그냥 외국어를 할 때 사용하면 된다.

최근의 한국가요는 노래가사에도 영어가 섞여 있어 가사에 대한 느낌이 반감하고 있다. 가사의 의미가 마음으로 실감나게 전달되어 오지 않는다는 것이다. 곡이 좋고 가수가 노래를 잘 불러 들어주는 것이겠지만 가사의 의미가 감동으로 다가오는 일은 없어져만 가고 있다. 한국인이 듣는 한국노래를 가사의 음미도 없이 그저 외국노래처럼 즐기라고 하면 그 노래의 가치는 퇴색되고 말 것이다. 현대 가요의 경향일지도 모르지만 어의나 어감을 제대로 전달해 주지 못하는 영어가사의 남용이 그저 한 시대를 풍미하는 것으로 끝날지 더 발전하여 나갈지 의문이다. 한국어가사가 단 한마디도 섞이지 않는 영어노래를 한국인이 즐기듯이, 영어가사가 하나도 없는 한국노래도 외국인이 즐길 수 있는 것인데, 이도저도 아닌 지금의 영어섞인 한국노래는 그저 한국어에 남용되는 부적절한 영어 같은 정도의 것뿐일지도 모르겠다. 물론 한류 붐을 반영하여 세계에서 승부하는 노래라면 지향하는 바가 다른 만큼 영어로 된 가사가 더 나을 수도 있을 것이다.

아직도 영어를 섞어 말하는 것이 외국물을 먹은 뭔가 배운 사람처럼 보일 것이라는 생각은 커다란 착각이다.

한국어에 부적절한 영어사용은 한국어의 발전을 가로막을

뿐만 아니라 한국어를 경시하게 만들 우려가 높은 만큼 반드시 금해야 한다. 이렇게 가다가는 한국어에 영어뿐 아니라 중국어사용이 등장할 날도 멀지 않았다. 영어는 되고 중국어나 일어는 안 된다고 말 할 수만도 없는 노릇이다. 한국어가 바르게 사용되고 발전해 나갈 수 있도록 한국어사용의 의미를 제대로 인식하고, 특히 언어유행을 주도해갈 젊은 층의 한국어 사용에는 보다 주의를 기울여야 할 것이다.

∘ '영어사용'의 오남용사례 분석 ∘

- 뷰티방송에서 유명 메이크업아티스트가 메이크업을 소개[26]하고 있다.

> (46) 핑크 단어만 생각해보시면 굉장히 사랑스럽고 <u>러블리한</u> 느낌이 드는 것 아시죠? 태생에 신생아 때 핑크의상을 먼저 입어서 뭔가 안식처 같은 느낌이 드는 게 아닌가 하는 생각이 듭니다. 벌써 <u>홀릭이 되는</u> 것 같은데요?
>
> □ 러블리하다 : 사랑스럽다/귀엽다   □ 홀릭이 되다 : 빠져들다
>
> ➡ 핑크 단어만 생각해보시면 굉장히 사랑스럽고 <u>귀여운</u> 느낌이 드는 것 아시죠? 태생에 신생아 때 핑크의상을 먼저 입어서 뭔가 안식처 같은 느낌이 드는 게 아닌가 하는 생각이 듭니다. 벌써 <u>빠져들게</u> 되는 것 같은데요?

- 뷰티 방송의 여자 진행자가 자신의 삶을 소개하고 있다.

---

26 https://www.youtube.com/watch?v=tmsNgVn1sh4 (0초~20초)

(47) 가장 중요한 게 하나 남았습니다. 저는 나갈 때 최대한 화장을 안 하는 편이거든요. 그래서 <u>내추럴하게</u> 하려고, 제가 요즘 즐겨 바르는 <u>컬러 톤 업 크림</u>입니다.[27]

☐내추럴하다 : 자연스럽다   ☐컬러 톤 업 크림 : 색조를 높여주는 크림

➡ 가장 중요한 게 하나 남았습니다. 저는 나갈 때 최대한 화장을 안 하는 편이거든요. 그래서 <u>자연스럽게</u> 하려고, 제가 요즘 즐겨 바르는 <u>색조를 높여주는(돋보이게 하는) 크림</u>입니다.

(48) 지금은 <u>메이크업 전</u>이에요.[28]

☐메이크업 전 : 화장 전

➡ 지금은 <u>화장</u> 전이에요.

(49) <u>뷰티</u>부터 <u>라이프스타일</u>까지 빠짐없이 알려드리려고 합니다.[29]

☐뷰티 : 미용   ☐라이프스타일 : 생활모습

➡ <u>미용</u>부터 <u>생활모습</u>까지 빠짐없이 알려드리려고 합니다.

• 뷰티 방송의 여자 진행자 A와 B의 대화[30]

(50) A : 일반 망고랑 다른 거예요?

B : 예. 약간 이게 <u>디톡스</u> 한대요.

☐디톡스 : 해독작용

➡ B : 예. 약간 이게 <u>해독작용</u>을 한대요.

---

27 https://www.youtube.com/watch?v=SRs1JFSs2-s (2분 50초~2분 59초)
28 https://www.youtube.com/watch?v=z4W5x8M7SNo (11초~12초)
29 https://www.youtube.com/watch?v=SRs1JFSs2-s (19초~21초)
30 https://www.youtube.com/watch?v=bYjjFfHgjz4 (31초~36초)

- 뷰티 방송의 여자 진행자의 말[31]이다.

(51) 예. 원래는 밥 먹고 마시는 건데 이게 만약에 요즘에 클렌즈 막 많이 하잖아요. 그거 만약에 하고 싶으면 그냥 3일 동안 저는 이것만 마셔요.

  □ 클렌즈 : 세척, 해독(건강을 위해 신체 독소 제거), cleanse

  ➔ 예. 원래는 밥 먹고 마시는 건데 이게 만약에 요즘에 몸 안 독소제거들을 많이 하잖아요. 그거 만약에 하고 싶으면 그냥 3일 동안 저는 이것만 마셔요.

- 뷰티방송의 진행자의 말(게스트 소개)[32]이다.

(52) 패션까지 모두 화재인 20대들의 워너비. 얼굴 복붙하고 싶은 아이돌 순위 1위라고 하네요. 블랙핑크 나와주세요.

  □ 워너비 : 우상

  ➔ 패션까지 모두 화재인 20대들의 우상. 얼굴 복붙하고 싶은 아이돌 순위 1위라고 하네요. 블랙핑크 나와주세요.

- 뷰티 방송의 여성 진행자의 말(화장법 소개)[33]이다.

(53) 트렌드 음형 메이크업의 2017의 트렌드 케치아이를 포인트를 준 일명 앙큼고양이 메이크업인데요. 뷰티크리에이터들이 커버를 하더라고요.

  □ 트렌드 : 유행   □ 케치아이 : 고양이 눈   □ 포인트 : 강조
  □ 뷰티크리에이터 : 미용 사이트 운영자   □ 커버 : 다뤄냄. 소화

  ➔ 유행하는 음형 화장의 2017의 유행하는 고양이 눈을 강조한 일명 앙큼

---

31 https://www.youtube.com/watch?v=bYjjFfHgjz4 (1분 40초~1분 48초)
32 https://www.youtube.com/watch?v=4i1VPycGjT4 (6초~15초)
33 https://www.youtube.com/watch?v=4i1VPycGjT4 (1분 24초~1분 30초)

고양이 화장인데요. 미용 사이트 운영자들이 잘 다루더라고요.

- 연예 방송에서 여자 진행자의 말(게스트에게 질문)[34]이다.

  (54) 송혜교씨가 이번 연기에서 그 머리채 잡고 싸우시는 연기가 리얼하던
  데…

  □ 리얼하다 : 실제 같이 생생하다

  ➡ 송혜교씨가 이번 연기에서 그 머리채 잡고 싸우시는 연기가 실제같던데…

- 연예방송에서 A(남자 진행자)와 B(남자 게스트)와 C(여자 게스트)의 대화[35]이다.

  (55) A : 진짜 꿀이거든요.

  B, C : 꿀케미 MC 박보검, 아이린

  □ 꿀케미 MC : 환상 호흡 사회자

  ➡ B, C : 환상 호흡 사회자(MC) 박보검, 아이린

  A : 뮤뱅MC 수고하셨습니다.

  연중MC로 고고!

  B : 신현준 선배님 계시지 않나요?

  A : 마지막 방송이니 만큼 저희가 박보검씨 출근길에 함께 했는데요.

- 유명 남성디자이너가 유행하는 패션 설명[36]이다.

  (56) 상의는 사이즈가 중요합니다. 루즈해야 해요. 자기보다 세사이즈는 크게.

---

34 https://www.youtube.com/watch?v=K0Zi_7oLvn0 (44초~51초)
35 https://www.youtube.com/watch?v=IogrTqQxJUo (38초~1분 10초)
36 https://www.youtube.com/watch?v=xdXItN2JmZ4 (47초~1분 15초)

어느 정도 커져야 되냐… 입었을 때 힙이 커버가 되고 훅! 내려오게
거의 원피스에 가깝다고 하는 사이즈로… 팔에는 최대한 풍부한 볼륨이
생겨서 긴 듯한 느낌이 되게. 슈즈같은 경우는 하이힐 절대 안 됩니다.
스니커즈를 신어야 합니다.

□사이즈 : 치수 □루즈하다 : 넉넉하다, 늘어지다 □힙 : 엉덩이
□커버 : 가리다 □볼륨 : 부피감 □슈즈 : 신발 □스니커즈 : 고무밑창의 운동화

➡ 상의는 사이즈가 중요합니다. 넉넉해야 해요. 자기보다 세사이즈는 크게.
어느 정도 커져야 되냐… 입었을 때 엉덩이가 가려져야 되고 훅! 내려오게
거의 원피스에 가깝다고 하는 사이즈로… 팔에는 최대한 풍부한 부피감이
생겨서 긴 듯한 느낌이 되게. 신발같은 경우는 하이힐 절대 안 됩니다.
밑창이 고무로 된 운동화를 신어야 합니다.

- JTBC뉴스룸에서 남자 진행자가 여자 초대 손님에게 말을 건네는 상황[37]이다.

(57) 그런데 이제 송강호씨를 모시게 되었어요. 그때 이효리씨께서 그냥 쿨하
게 자리를 양보해 주셔서.

□쿨하다 : 냉정하다, 흔쾌히 하다

➡ 그런데 이제 송강호씨를 모시게 되었어요. 그때 이효리씨께서 그냥 흔쾌
히 자리를 양보해 주셔서.

- 초등학교를 배경으로 한 드라마 속에서 개학날 등굣길에 초등학교 친구 A와
B의 대화[38]이다.

(58) B : (독백) 그딴 자식 어제로 기억에서 삭제. 휴지통까지 비움. 그래

---

37 https://www.youtube.com/watch?v=XzyHOb9OwkI (54초~59초)
38 https://www.youtube.com/watch?v=sAyP_bsXsSo (여왕의 교실 4분 4초~4분
49초)

초등학교 마지막 일 년 완벽한 6학년을 보내주겠어. 완전 엣지있게.

A : 하나야?

B : 나리야?

A : 어서 타? 옷이랑 신발 다 젖은 거야? 완전 꿈꿈하겠다.

B : 노, 노플라블럼. 타이밍 딱 좋게 너도 만났고…그리고 올해는 같은 반. 완전 좋아.

　□엣지있게(멋지게)　□노, 노플라블럼(아니, 문제 없어)　□타이밍(시기, 시간, 때)

🔜 B : 문제없어. 적시에 너도 만났고…

A : 유치원 때 이후로 옆 반 건너 반이었는데?

B : 결국은 같은 반 됐잖아.

A : 완전 신나! 완전 짱이야!

● 어린이용 만화 속에서 남자인물이 편의점에서 혼자 하는 말[39]이다.

(59) 저건 레어아이템 컵라면! 컵라면 득템!!

　□레어아이템(구하기 어려운 물건)　□득템(얻음)

🔜 저건 구하기 어려운 컵라면! 컵라면 손에 넣음!!

상기 표현들은 일부 젊은 층과 이들이 출연하는 각종 방송 매체 등에서 무분별하게 사용되어 있는 것들로, 처음부터 불필요한 영어로 표현을 하고 이것이 반복되며 널리 퍼져, 한국어로 자연스럽게 표현하는 것조차 어려운 일이 되어 가고 있다. 한국인의 평범한 일상을 한국어로 자연스럽게 표현해내지

---

39 https://www.youtube.com/watch?v=X34jgDCAC2c (키즈 CSI 과학 수사대)

못하는 상황은 받아들이기 힘든 일로, 한국어사용의 근본을 흩트리는 행위이다. 한국어도 아니고 외국어도 아닌 표현들이 우리들의 언어생활을 위협하고 있는 것이다. 한국어에 몇몇 외국어를 섞어서 사용하는 것은 상황에 따라 용인될 수 있는 일이지만 작금의 영어사용은 정도를 크게 벗어나고 있다. 앞으로는 어떠한 상황에서도 한국어로 자연스럽게 표현해낼 수 있도록 한국어로 표현 가능한 영어는 한국어로 표현하여, 누구라도 의사소통에 불편이 생기지 않도록 해야 할 것이다.

6. 바르지 못한 어휘사용의 증가

1) '도와주다'

타인이 무언가 도움을 필요로 할 때 '무엇을 도와드릴까요?'라고 말한다. 즉 '돕다'는 상대방의 어려움을 덜어주는 행위이다. 그런데 최근 서비스업계에서는 '돕다'가 상황에 맞지 않게 사용되며 오용인데도 정상처럼 되고 있다. 단어의 의미상 맞지 않음에도 불구하고 많은 사람들이 아무런 문제의식 없이 사용하고 있어 한국어 오용의 심각성을 보여주는 대표적인 예라 할 수 있다.

가게에 들어서니 종업원이 자리를 안내하기 위해 말하며 '안내 도와드릴게요'라는 표현을 쓰고 있다. 종업원 본인이 안내를 하는 것인데 누구의 안내를 돕는다는 것인지 맞지 않는 표현이다. 손님을 도와야 하는데 안내하는 종업원 자신을 돕는다는 듯한 표현이 되어버려 문맥상 성립되지 않는다. 그냥 **'자리 안내해드리겠습니다'**라는 표현으로 해야 하는 것이다.

자리에 앉자 종업원이 메뉴선택을 물으며 '주문 도와드리겠습니다'라고 말한다. 손님이 주문에 어려움을 격고 있는 것도 아니고, 도와달라고 요청한 것도 아닌데 돕겠다고 말하니, 무엇을 돕겠다는 것인지 이 또한 이해할 수 없는 표현이다. 그저 손님이 주문하는 것을 확인만 하는 것인데 돕겠다고 표현하니 난감하기 이를 데 없다.

'주문 도와드릴까요?'가 아니라 **'무엇을 주문하시겠습니까?/ 무엇으로 하시겠습니까?'**로 말해야 바른 표현이 된다. 무엇으로 하시겠냐고 물으면 되는 것이지 주문에 도울 일은 아닌 것으로, 백번 양보하여 혹 쓸 수 있는 환경을 찾아보면 처음인 사람이거나 외국인 등과 같이 무엇을 주문해야 할지 모르는 경우라면 주문하는 데 도움을 줄 수 있을 테니, 그런 경우라면 '주문 좀 도와드릴까요?'라는 표현이 사용가능할 것이다.

또한 식사 다하고 계산을 하는데 '계산을 도와드리겠습니다'라는 표현 또한 적절치 않다. 돈이 부족하여 조금 보태준다는 것인지, 손님의 계산에 어떤 도움을 준다는 것인지 이해할 수 없는 표현이다. 돈을 내는 친구에게 다른 친구가 조금 보태면서 '내가 좀 도와줄게'라고 하는 경우가 있을 것이다. 이런 경우처럼 계산에 실제로 도움을 보태는 경우에나 '계산 도와준다'는 표현이 가능한 것이다. 계산을 돕는다는 것은 지불해야 할 돈에 무언가 보탬을 주어 친구의 부담을 덜어주는 경우나 해당하는 것이지, 손님이 낸 돈을 받아서 계산대에서 계산만 하는 종업원의 행위가 도와주는 일이 될 수는 없다. '계산 도와 드리겠습니다'가 아니라, **'계산해 드리겠습니다 / 계산하도록 하겠습니다'**로 말해야 상황에 맞는 표현이 되는 것이다.

원래 남의 도움은 사양하는 것이 미덕이니, '계산 도와드리겠다'라고 하면, 아니 '괜찮다'라고 사양하며 '제가 계산하겠다'라고나 말해 드려야 할지도 모르겠다.

'도와주다'가 영어의 'May I help you?'에서 온 듯해 보이지만, 계산하러 온 손님에게 돈을 받아 계산하면서 'May I help you?'를 쓸 수 있겠는가? '돕는다'라고 하니 어감도 좋아 보이고 뭔가 서비스를 하는 것 같아 보이지만 전혀 당치 않은 표현이다. '도와주다'의 사전(엣센스 국어사전 제6판)적 의미는 '남을 위하여 애써 주다'인데, 응당 해야 할 종업원의 업무나 역할에 대해서 '도와주다'를 사용하는 것은 이치에 맞지 않는다. 자신이 응당 해야 하는 일은 '하는' 것이지 '남을 도와주는' 일은 아닌 것이다.

◦ '도와주다'의 오남용사례 분석 ◦

● 모바일 결제가 증가 추세에 있다는 뉴스의 일부이다. 카페에서 주문을 한 고객에게 점원이 "결제 도와드리겠습니다"라고 말하자 고객은 신용카드 대신 휴대전화를 꺼내는 장면[40]이다.

(60) 요즘 직장인들은 커피 한잔을 마실 때도 신용카드 대신 휴대전화를 꺼냅니다.

"결제 도와드리겠습니다."

➡ 요즘 직장인들은 커피 한잔을 마실 때도 신용카드 대신 휴대전화를 꺼냅니다.

"결제해 드리겠습니다. / 결제 하시겠습니까?"

(61) 줄을 선 지 약 40분이 지나 드디어 주문대 앞에 섰다. "주문 도와드리겠습니다"라고 상냥하게 말하는 점원이 이렇게 반가웠던 적은 없었다.[41]

➡ 줄을 선 지 약 40분이 지나 드디어 주문대 앞에 섰다. "주문하시겠습니까?"라고 상냥하게 말하는 점원이 이렇게 반가웠던 적은 없었다.

(60), (61)은 모두 상대에게 특별히 도와주는 행위가 아니므로 (60)은 '결제하시겠습니까?'로 (61)은 '주문하시겠습니까?' 또는 '무엇을 주문하시겠습니까? / 무엇으로 하시겠습니까?'로 말하는 것이 옳다. 상대방이 어려움을 당하거나 곤란해 하거나 하여 도움을 청해올 때 '도와주다'라는 표현을 써야 한다. 자신들이

---

40 http://news.kbs.co.kr/news/view.do?ncd=3400136&ref=A (KBS뉴스, 37초~38초)
41 http://news.tf.co.kr/read/life/1697546.htm (The Fact 라이프, 49줄~50줄)

응당 해야하는 일이 아니라 타인이 어려워하거나 곤란해 하여 도움을 필요로 할 때만이 돕는다는 표현이 성립할 수 있다.

2) '맞다'

최근에 그 사용이 늘고 있는 '맞다'는 상대방에게 확인을 요구하는 다소 강한 의미를 내포하고 있는 단어로, 경찰서에서 무언가를 추궁하거나 할 때 '당신이 한 짓 맞죠?'라거나, 무언가를 잊어버려 주인을 찾아 확인하는 경우 '이거 당신 거 맞습니까?'와 같이 사용되는 말이다. 따라서 갑자기 '자신'에게 '당신이 누구 맞습니까?'라는 질문이 오게 되면, 무언가 잘못한 일이라도 있나 하며 '예, 맞는데요. 그런데 왜 그러시죠?'라며 다소 의아해 하거나, 겁을 먹으며 되묻게 되는 경우가 발생할 수 있다.

어딘가에서 뵌 적이 있는 분을 만나 말을 붙이거나 할 때, '혹 홍길동선생님 아니십니까 / 되시지요?'처럼 표현하는 것이 보통의 말씨이다. 다짜고짜 '홍길동선생님 맞죠?'라고 하는 것은 당돌해 보이기도 하여 적절한 표현이라 하기 어렵다. 이처럼 누군가를 찾아 확인하려는 경우는 '이다, 되다'를 사용하는 것이 바람직하여, 전화를 걸어 상대가 나올 경우 '누구누구<u>이십니까? / 되십니까</u>?'를 사용해야 무례를 범하지 않게 된다.

친구인 철수에게 전화를 걸어 누군가가 나왔을 때 '철수냐?'라고 묻는 것이 보통으로 '철수 맞냐?'라고 묻는 것은 부자연스럽다. '철수 맞냐?'라고 묻는 것은 철수인지 아닌지 의심이 가거나 하여 확인이 필요한 경우로, 그렇지 않다면 사용할 수 없는 표현이다. 묻거나 답하는 경우 '맞다'는 부자연스러운 경우가 많은 것이다. 대화 중에 상대방에게 맞장구를 치거나 호응을 해줘야 하는 장면에서 특별히 강조하여 확인하는 경우가 아니라면 '맞다'보다는 '그렇다'를 사용하는 것이 바람직한 표현이 된다.

'철수냐?'에는 '응 그래 / 응 나야'로 답하면 된다. '정말 철수 맞냐?'라면 '그래, 나 철수야 / 맞아 내가 철수야'와 같이 말할 수 있는 것이다. '식사했습니까?'라는 질문에도 '예 했습니다'나 '예 그렇습니다'는 사용 가능해도 '예 맞습니다'는 사용하기 어렵다.

요즘 가게에서 무언가를 주문하면 주문내용을 확인한다며 바로 '무엇 무엇 맞죠?'라고 물어온다. 하지만 이렇게 단도직입적으로 확인하듯 묻는 표현은 적절하지 못하다. 서비스를 지향하는 업계 종사자들이 사용할 만한 정중함을 갖춘 표현이라고 할 수 없다. **'무엇 무엇을 주문하셨는데 준비하도록 하겠습니다. / 주문하신 무엇 무엇을 준비하도록 하겠습니다'**와 같이 표현하면 되는 것으로, 그간 정중하게 사용되어 오던 이런 형태의 표현이 최근 자취를 감추고 있다.

(62) A : 주문 도와드리겠습니다.

B : 김치전골 대 하나하고, 소주 한 병 주십시오.

A1 : 주문 확인할게요.

탕수육 대 하나에 짜장면 하나 짬뽕 둘,

그리고 맥주 세병 맞죠?

A2 : 주문 확인 도와드리겠습니다.

탕수육 대 하나에 짜장면 하나 짬뽕 둘, 그리고 맥주 세병 맞습니까?

➡ A : 무엇으로 (주문)하시겠습니까? / 주문은 어떻게 하시겠습니까?

B : 김치전골 대 하나하고, 소주 한 병 주십시오.

A1 : 감사합니다. 주문하신대로,

탕수육 대자 하나에 짜장면 하나 짬뽕 둘,

그리고 맥주 세병 준비(하도록) 하겠습니다.

A2 : 감사합니다. 주문 확인하겠습니다.

탕수육 대 하나에 짜장면 하나 짬뽕 둘, 그리고 맥주 세병.

이것으로 준비하면 되겠습니까?

손님에게 주문을 받고 그 내용을 확인하는 경우는 (62)의 수정 제시된 대화가 적절한 표현방법일 것이다. 주문하는 경우에는 '무엇을 주문하시겠습니까'와 같이 물어보면 되는 것이다. 앞에서 기술한 바와 같이 주문이 어려워 무엇을 주문해야 할지 도움을 청하는 경우가 아니라면 주문을 도울 일은 없으니 '돕다'가 아니라 '무엇으로 할지, 무엇으로 시킬지' 즉 주문을 어떻게 할지를 정중하게 묻는 형식을 취해야 한다. 주문 후의 확인도 주문한 내용을 말하며 그렇게 준비하겠다고 종업원이 말하며 확인을 거치면 된다. 주문이 틀렸다면 손님이 틀렸다고 말을 해올 테니 굳이 손님에게 확인을 요구할 필요는 없다. 서비스라는 것은 손님에게 대답이나 행위를 요구하지 않으면서도 달성해낼 수 있는 형태가 바람직한 것이다. 그저 종업원이 주문내용을 말하고 손님은 그 내용이 틀리지 않으면 가만히 있어도 되는 그런 형태의 언어표현이어야 할 것이다.

사람을 확인하는 경우에는 '사장님이십니까? / 되십니까?'처럼 반드시 '이다, 되다'를 사용해야 하고, 손님에게 주문확인을 하는 경우에도 '커피 두 잔 치즈케이크 하나 맞죠?'가 아니라 '커피 두 잔에 치즈케이크 하나 **준비하도록 하겠습니다**'처럼 손님이 일부러 답하지 않아도 확인이 이루어지는 형태의 표현을 사용해야 한다. '맞죠'라는 표현은 상대방에게 확인의 답을 하라는 형식이기 때문에 손님을 예우하는 정중한 표현으로서는 부족하다.

또한 '맞다'는 지식이나 정보를 알고 있는 자가 그렇지 못한 자와의 대화 등에서 상대의 의견이 '그르지 않고 옳다 / 틀리지 않다'라고 확인해주는 경우에 사용되는 말이기도 하다. 따라서 손윗사람이나 상사와의 대화에 '맞다'라는 대답이나 호응의 표현은 자칫 본인이 더 잘 알고 있는 사항을 확인해주는 듯한 인상을 줄 수 있어, 자신이 알고 있는 사항을 정확하게 확인해주는 경우가 아니라면 가볍게 '그렇다'로 답하는 것이 바람직할 것이다.

언어는 단순히 의미만을 전달하는 도구가 아니라 상황이나 환경에 따라 그에 맞는 표현이나 어휘를 선택하여 사용해야 한다. 최근의 어휘 및 표현들에는 의미가 맞지 않거나 정중도를 전혀 이해하지 못하는 표현이 오용 또는 남발이 되고 있어 심히 우려되는 상황이다.

○ '맞다'의 오남용사례 분석 ○

(63) A : 내 얼굴 정도 되니깐 바비인형 메이크업도 거뜬히 소화한 거다. <u>맞습니까?</u>[42]

➲ A : 내 얼굴 정도 되니깐 인형 같은 화장도 거뜬히 소화한 거다. <u>그렇습</u> <u>니까?</u>

➲ A′ : 내 얼굴 정도 되니깐 인형 같은 화장도 거뜬히 소화한 <u>거라고 생각하</u> <u>십니까?</u>

B : 아니에요.

위의 예는 사회자가 연예인 출연자에게 질문하는 상황이다. 화장이 매우 잘 어울리는 상황을 '맞습니까?'라는 표현을 사용하여 너무 직접적으로 상대방에게 확인을 요구하듯 하여 적절한 표현이라 할 수 없다.

<hr>

42 https://www.youtube.com/watch?v=4i1VPycGjT4 (1분 10초~1분 14초)

(64) A(기자) : 낮 12시, 직장인들이 몰려듭니다.

    B(카페점원) : 60번 고객님, 두 잔 맞으세요?[43]

    A : 식사 후 커피 한잔을 필수 코스가 되었습니다.

➲ A(기자) : 낮 12시, 직장인들이 몰려듭니다.

    B(카페점원) : 60번 고객님, 두 잔이시죠? / 나왔습니다.

    A : 식사 후 커피 한잔을 필수 코스가 되었습니다.

점원이 준비된 음료를 고객에게 제공하며 건넨 표현으로, '60번 고객님 두 잔 시키셨죠?'라는 주문을 확인하는 상황인데, '맞으세요?'는 '맞냐 안 맞냐'는 식의 직접적인 확인요구의 의미로 전달되어 손님에 대한 공손함이 결여된 표현이 되지만, '두 잔이시죠? / 두 잔 시키셨죠? / 두 잔 시킨 것 나왔습니다'라고 표현한다면 주문자인 상대를 알고 있다는 의미로 전달되어 손님을 배려하는 공손한 표현이 될 수 있다.

(65) A : 어제 저녁에도 뵀었죠? 대문 앞에서.

    B : 아버지하고 곧 결혼하실 분이에요.

    A : 예전에 티비에서 뵀었어요. 계급의 불의와 사회의 구조적 모순과 그래도 타협하지 말아야 할 도덕과 양심의 문제에 대해 열변을 토했던 열혈 기자님으로 기억하는데.

    B : 그런 적이 있으셨어요?

    A : 그 분 맞으시죠?[44] 한재희 기자님.

---

43 http://news.naver.com/main/read.nhn?mode=LPOD&mid=tvh&oid=056&aid=0 010469265 (27초~38초)

➔ 그 분이시죠 / 되시죠? 한재희 기자님.

　정중한 대화를 이어갈 때는 직접적인 표현보다 부드럽고 공손한 표현을 선택하는 것이 의사소통에 필요한 능력이라 할 수 있다. 대화상대에게 무언가를 직접적이거나 노골적으로 요구하는 것보다 간접적이거나 우회적으로 완곡하게 말하는 것이 상호 존중을 이끌어가는 대화법이라 하겠다. 상대에게 단도직입적으로 묻거나 답하는 '맞다'는 사용에 신중을 기하고, 가능하면 '그렇다' 또는 '이다 / 되다' 등의 표현을 적절히 사용하여 공손한 의사소통을 꾀해야 할 것이다.

　3) '완전'

　최근에 유행처럼 사용되는 말에 '완전'이라는 말이 있다. 정도의 최상을 나타내는 의미의 '완전'이 어느 사이엔가 정도부사의 모든 영역에 사용되어 어떤 경우에도 이 '완전'이라는 말이 사용되고 있다. 하지만 이 '완전'은 부사어가 아니어서 틀린 표현이라 할 수 있다. 당연히 '완전히'로 써야 맞는 말이다.

　물론 '완전'이 부사어로 사용될 여지는 있을 수 있겠지만, '완전'은 명사를 직접 수식하여 사용할 수는 있어도 술어를 수식하는 부사어로 사용될 때에는 '완전히'의 형태로 사용해야

---

44 http://tv.naver.com/v/795285 (38초~1분 13초)

어법에 맞다.

뿐만 아니라 현재 사용되는 '완전'은 아무 곳에나 다 사용하고 있어 정도가 최고임을 나타내야 하는 '완전'의 의미가 부적절하게 사용되고 있다. '아주, 꽤, 상당히'를 써야 하는 곳에 그저 무의식적으로 '완전'을 사용하는 것은 최근의 젊은 층이 정도를 지나치게 과장하여 표현하는 경향으로도 볼 수 있다. '완전 좋아', '완전 맛있어', '완전 예뻐'처럼 특별히 대단한 상황이 아니어도, '완전'이라는 단어를 입버릇처럼 사용하고 있어, 작은 것에 크게 반응하는 한 단면으로도, 감정표현을 너무 가볍게 남발하는 것으로도 판단된다. '완전 좋아'는 '아주 좋아', 더 강하게 말하고 싶으면 '최고로 좋아' 정도로 표현하는 것이 적절하고, '완전 예뻐'도 '아주 예뻐', 더 강하게는 '정말 예뻐' 등으로 표현하는 것이 적절할 것 같다.

가능하면 언어는 감정을 잘 조절하여 삼가고 절제하는 표현이 바람직한 것으로, 어휘선택에도 감정이 노골적으로 드러나지 않도록 하는 것이 정중한 언어사용의 기본이라 할 수 있다.

○ '완전'의 오남용사례 분석 ○

(66) A : 실물들이 뭐 너무너무 귀엽고.

　　 B : 완전 상큼.[45]

　❷ B : 정말(아주) 상큼.

(67) 허벅지살 터덜터덜 막 흔들려서 어후 나 몸이 무거워서 운동을 못하겠어.

막 이런 얘기들 하시는데 <u>완전</u> 탕탕하게 딱 붙어있죠.[46]

⮕ 막 이런 얘기들 하시는데 <u>아주</u> 탕탕하게 딱 붙어있죠.

(68) 또 하나는 이 안쪽에 밴드 처리가 되어 있는데요, 이게 <u>완전</u> 짱짱해요.[47]

⮕ 또 하나는 이 안쪽에 밴드 처리가 되어 있는데요, 이게 <u>아주</u> 짱짱해요

(69) 아니 다이어트 하라 그러더니 이거 먹어라 그러잖아. <u>완전 이기적이</u>
<u>야</u>.[48] 희한해.

⮕ 아니 다이어트 하라 그러더니 이거 먹어라 그러잖아. <u>정말 / 완전히 이기</u>
<u>적이야</u>. 희한해.

(70) B : 그래 초등학교 마지막 일 년 완벽한 6학년을 보내주겠어. <u>완전 엣지</u>
있게.[49]

⮕ B : 그래 초등학교 마지막 일 년 완벽한 6학년을 보내주겠어. <u>아주 /</u>
<u>정말 / 굉장히</u> 멋있게.

(71) B : 결국은 같은 반 됐잖아.

A : <u>완전</u> 신나! <u>완전</u> 짱이야!

⮕ A : <u>아주 / 정말</u> 신나! <u>정말</u> 최고야!

(70), (71)은 '완전'이 부사어처럼 잘못 사용된 예들로, 정도

---

45 https://www.youtube.com/watch?v=4i1VPycGjT4 (20초~23초)
46 https://www.youtube.com/watch?v=_LulR-RKd5Y (10초~18초)
47 https://www.youtube.com/watch?v=_LulR-RKd5Y (24초~30초)
48 https://www.youtube.com/watch?v=bYjjFfHgjz4 (43초~49초)
49 (70)는 (71)와 같은 예. https://www.youtube.com/watch?v=sAyP_bsXsSo (여
왕의 교실 4분 4초~4분 49초)

제1장 | 한국어사용의 진단과 개선   119

를 나타내는 부사어로 바꿔 사용해야 하는데, 어찌된 일인지 '완전히'를 사용하면 다소 부자연스러운 문장이 되고, 오히려 '매우, 아주, 굉장히'를 사용하면 자연스러운 문장이 된다. '완전'의 부사어인 '완전히'를 사용하면 괜찮을 것 같아도, (69)를 제외한 대부분의 경우 '완전히'가 가지고 있는 정도부사로서의 의미가 맞지 않기 때문에 부자연스러운 표현이 되는 것일 텐데, 그렇다면 이들 '완전'은 '완전히'의 의미영역뿐만 아니라 정도를 강조하는 부사로도 전용되고 있다고 봐야 할 것이다. 이는 '완전'이 의미상으로도 잘 어울리지 않는 여러 곳에 무절제하게 사용되고 있음을 의미하는 것이다. 따라서 가능하면 '완전'이 아닌 '아주, 굉장히, 매우' 등과 같은 문맥에 맞는 적절한 의미의 정도부사로 표현하는 것이 바람직하다고 할 수 있다.

4) '대박'

'완전'과 마찬가지로 최근 들어 많이 쓰이는 말에 '대박'이 있다. 예상 밖의 무언가를 접하면 그냥 습관적으로 '대박'이라는 말을 한다. '대박'이 그저 놀란 경우에 발해지는 감탄사처럼 사용되고 있다. 그런 정도가 어찌 '대박'이냐고 반문이라도 해야 하는 상황이다. '완전'과 마찬가지로 일상에서 무분별하게 사용하고 있는 전혀 바람직하지 않은 표현이다.

사전에는 '어떤 일이 크게 이루어짐을 비유적으로 이르는 말'
로 정의되어, 어떤 일에 '대박이 나다', '대박이 터지다', '대박을
터트리다'와 같이 사용되는 말이다. 요컨대 대박이란 정상적인
상황에서보다는 다소 속되게 비유하여 표현하는 경우에 사용
하는 어휘라 할 수 있다. 기대 이상의 결실, 결과, 성과를 나타
낼 때 이를 빗대어 사용하는 어휘이므로, 그리 긍정적인 어감
을 주는 단어는 아니다. 노력하여 얻은 정상적인 결과를 대박
이라 하지는 않는다. 사업 등이 운이 좋거나 때를 잘 만났거나
하여 전혀 기대하지 않았던 성과를 낸 경우에 놀라 강조하여
쓰는 말이라 하겠다. 그런데 그런 다소 속된 비유를 나타내는
'대박'이라는 단어의 의미가 전용되어 아무 경우에나 남발되고
있어, 한국어가 가볍고 경박하게 느껴지는 표현들로 넘쳐나고
있다. '완전'이나 '대박'과 같은 잘못된 유행어는 학교교육이나
방송매체 등에서 그 사용을 자제해야 국민들이 교양 있고 품위
있는 언어를 습득하고 생활화할 수 있다.

○ '대박'의 오남용사례 분석 ○

(72) A : 약간 탄산음료…시원하다 이게.

　　 B : 그러니까.

　　 C : 그런 맛이 나네. 어떻게…

　　 A : 여기다 소주 타면 대박이겠다.[50]

➲ A : 여기에 소주를 타면 <u>아주 괜찮을 것 같다</u>.

(73) 젓갈 파는 곳도 있는데 정말 맛있겠더라고요. 방금해서 김이 모락모락
나는 밥에 비벼먹으면 <u>대박일 비주얼</u>.[51]
➲ 젓갈 파는 곳도 있는데 정말 맛있겠더라고요. 방금해서 김이 모락모락
나는 밥에 비벼먹으면 <u>아주 괜찮을</u> 장면.

(74) 어제에 이어 오늘 역시 최대 20%~50% <u>대박</u> 분양가 할인&다양한
이벤트를 하고 있답니다. 항상 믿고 찾아 주신 만큼 건강하고 예쁜 <u>댕댕
이</u>들을 합리적인 분양가로 보답하겠습니다.[52]
➲ 어제에 이어 오늘 역시 최대 20%~50%<u>의 다시없을</u> 분양가 할인&다양
한 이벤트를 하고 있답니다. 항상 믿고 찾아 주신 만큼 건강하고 예쁜
<u>멍멍이</u>들을 합리적인 분양가로 보답하겠습니다.

(75) (제목)전자 담배 추천, 이건 진짜 <u>대박이다</u>.
그런 여러분들에게 아주 솔깃할 만한 전자담배 추천 정보죠.
이번에 완전 <u>대박이벤트</u>를 많이 한다고 하더라고요.[53]
➲ (제목)전자 담배 추천, 이건 진짜 <u>놀랄 만하다(괜찮다)</u>.
그런 여러분들에게 아주 솔깃할 만한 전자담배 추천 정보죠.
이번에 <u>아주 놀랄 만한</u> 이벤트를 많이 한다고 하더라고요.

(72)~(75)는 '대박'이란 단어를 오남용하고 있는 전형적인

50 https://www.youtube.com/watch?v=bYjjFfHgjz4 (1분 11초~1분 18초)
51 http://mo7970.blog.me/220369733717
52 http://blog.naver.com/witeee/221143449017
53 http://blog.naver.com/june951753/221138765931

에로 ㅗ 어느 예문도 표현에 품격이 없고 가벼운 느낌만을 주고 있다. 최근의 젊은 여성들은 작은 일에도 감동하듯 감성적 표출을 하며, '대박'과 같은 과한 단어들을 남발하는 경향이 있는데, 단어의 의미도 맞지 않고 표현의 품위도 없어 보여 좀 더 감정을 자제하며 과장되지 않는 표현들을 사용해야 할 것이다. TV의 예능프로그램 등을 보면 출연자들이 '대박'을 연발하며 잘못 사용하는 경우가 넘쳐나고 있어, 잘못된 언어사용을 일반화하는 나쁜 영향을 끼치고 있다.

다음의 예처럼 기대 이상의 성공을 거둔 경우에 사용하는 '대박'이 바른 사용이라 하겠다.

(76) 〈우리 결혼했어요〉 출연을 계기로 '신상녀', '마녀' 등의 이미지가 생겨서 10년이 지난 지금까지도 수식어가 따라다닐 정도로 비호감 이미지도 생기고 욕도 많이 먹었지만 〈우리 결혼했어요〉를 통해 인지도도 급상승하고 그 해에 발표한 솔로앨범 〈신데렐라〉까지 대박이 나며 그녀의 솔직한 매력을 좋아해주는 사람도 생겨 실보다는 득이 압도적으로 컸다.[54]

(77) 분석을 마친 뒤, 이병철은 그때까지와는 다른 방식으로 사업을 벌여나갔다. 쌀값이 오를 때 다른 사람들은 더 오르리라는 기대심리로 쌀을 사들였으나 그는 쌀을 내다팔고 쌀값이 떨어질 때 쌀을 사들였다. 작전은 대박이었다.[55] 적자를 만회하고도 상당한 이익을 올릴 수 있었다. 그 다음 결산에서는 3만원의 출자금을 빼고도 2만원의 이익이 발생했던 것이다.

54 http://blog.naver.com/ksy1327/220916454271
55 http://blog.naver.com/babosamdae44/130120287040

(76), (77)처럼 기대이상의 결과를 내거나 예상이 적중하여 아주 큰 이익을 올리게 된 경우에 사용하는 단어가 '대박'인 것이다. 작거나 소소한 일상생활의 발견이나 결과에 '대박'이란 말은 어울리지 않는 표현으로 자칫 경박함을 느끼게 할 수도 있어 사용에 주의가 필요하다.

5) '지시어'의 오용

사물을 가리키는 경우에는 '이것, 그것, 저것'과 같은 지시어를 사용해야 한다. 그런데 최근 사물에 대해 사람을 가리킬 때 쓰는 단어를 당연한 것처럼 사용하는 경우가 급증하고 있다. 사물을 가리켜 '아이'나 '아가'라 말하고, '이 아이, 그 아이, 저 아이'를 줄인 '얘, 걔, 쟤'를 아주 자연스럽게 사용하며 남발하고 있다. 모두 맞지 않는 표현으로 오용에 해당한다.

홈쇼핑방송 등에서 팔아야할 물건을 가리켜 진행자들이 한결같이 '얘, 쟤'로 표현하고 있는데, 어법에 벗어난 언어사용의 지속은 받아들이기 거북한 경우가 많다. 언어란 다양한 전달효과를 내기 위해 은유나 비유를 하여 말하거나, 사물을 의인화하여 말하는 경우도 있다. 하지만, 특별히 사물을 의인화하여 말할 상황도 아닌 단순한 일상의 대화에서 지시대상의 종류에 관계없이, 그저 한결같이 '얘, 쟤'를 사용하는 것은 오용에 해당하며,

ㅗ 정도가 심각성을 지적하지 않을 수 없는 수준이다.

홈쇼핑방송도 다수의 시청자를 상대로 하는 만큼 정중하고도 표준적인 언어를 사용하도록 해야 한다. 물건을 팔기 위한 방법이라 해도 지극히 사적인 대화에서처럼 하는 언어사용에는 주의해야 하며, 지나친 외래어나 유행어의 사용도 자제해야 할 것이다. 표준적 어법에 맞지 않거나 지극히 사적인 표현 방법들이 자신들의 능력을 대변하는 것이 될 수는 없다. 정중함이 결여되고 일탈되기까지 한 표현들이 구매자들에게 잘 먹힌다는 생각은 잘못이다. 호객행위의 일종이라 해도 방송인만큼 과장하듯 말하거나 감언이설처럼 들릴 수 있는 표현들에 언어의 정도마저 버려서는 안 될 것이다. 바른 정보를 바른 표현으로 접근해야 구매자들에게 신뢰를 높일 수 있다.

당연히 사물을 가리킬 때와 사람을 가리킬 때의 구별을 해야 한다. 동물의 경우 다소 허용가능성이 있어 보이지만, 재료나 물건들을 지칭하는 경우에는 모두 지시대명사 '이것, 그것, 저것'을 사용함이 옳고, 무절제하게 '얘, 걔, 쟤'를 사용하는 것은 잘못으로 불쾌감을 주기도 한다. 사람과 동물의 경우도 호칭이 달라 동물에게는 새끼라고 하지만, 사람에게는 특별한 경우를 제외하고 '새끼'가 아닌 '아이'라고 한다. 동물에게조차 사람에게 쓰는 '아이'라는 단어를 안 쓰는 것이 보통이다. 하물며 사물에 '아이'를 쓰는 것은 적절하지 못하다.

언제부터 사물이 사람의 경지에 오른 것인지, 반대로 사람이 사물처럼 하찮은 존재가 된 것인지, 방송에서조차 비정상적인 표현을 지극히 정상적인 것처럼 사용하고 있어, 잘못된 언어사용의 일반화를 부추기고 고착화시키고 있다. 어떤 특별한 경우에 한두 번 사용할 수 있는 말을 귀엽고 재치 있는 표현인 것처럼 둔갑시켜 자연스러운 말처럼 사용해서는 안 된다.

○ '지시어'의 오남용사례 분석 ○

(78) 그래서 오늘 제가 또 갖고 온 거 있습니다. 바로 요거. 요 아이.[56] 쿨가이라고 합니다.

➡ 그래서 오늘 제가 또 갖고 온 것이 있습니다. 바로 이것. 쿨가이라고 합니다.

(79) A : 한정판을 보면 막 사야 될 것 같은 그런. 집착이 있어요. 사실.
   B : 리미티드 집착.
   A : 쓰지 않는데 일단 구매부터 해요. 새로운 아가들인데.[57]
➡ A : 쓰지 않는데 일단 구매부터 해요. 새로운 제품들인데.

(78)은 자신이 가지고 나온 제품을 가리키며 '요 아이'라는 표현을 사용하고 있다. 제품을 의인화하여 친밀감을 높인 표

---

56 https://www.youtube.com/watch?v=bYjjFfHgjz4 (3분 39초~45초)
57 https://www.youtube.com/watch?v=4i1VPycGjT4 (2분 58초~3분 10초)

현이지만 본래 사물을 지칭하는 지시어로는 부적절하다. '이 것'으로 표현하는 것이 바람직하다.

(79)는 '새로운 제품'을 '새로운 아가들'로 표현하고 있다. 자신의 소유물을 자신의 아가로 표현하고 있는데 이는 지나치게 의인화한 표현이라 할 수 있다.

이러한 지시어의 남용은 지시어 '이, 그, 저' 중에서 '이'의 예가 두드러져, 사물을 '애'라고 표현하는 경우가 많았지만, '걔, 쟤'가 사용되는 경우는 많지 않았다. 사물에 대해 사람을 가리키는 지시어를 사용하는 것은 사물을 사람과 가까운 존재로 제시하고자 하는 인식에서 나온 것으로 생각된다. '애'라는 지시어는 사람과 사물에 모두 사용하고 있는데, '걔, 쟤'는 사물에는 많이 사용하고 있지 않아 사물을 가리켜 '걔, 쟤'를 사용하는 것은 일반화가 더딘 것으로 보인다.

6) '호칭'의 오용

대상을 이름 지어 부르는 호칭은 사용할 수 있는 범위가 정해져 있어 그 의미에 맞게 사용해야 한다. 호칭어 중에는 동일한 의미를 나타내는 복수의 형태가 존재하는데 인간관계에 따라 사용 환경을 달리 해야 하는 경우도 있다. 가족관계를 나타내는 어머니, 아버지의 경우가 이에 해당한다. 어머니는 관계에 따라 엄마, 어머니, 어머님, 시어머님, 장모님 등의 호칭으로 사용된다. 하지만, 이들 호칭의 의미는 명확히 구별되어 있어 정상적인 한국인이라면 이를 혼동하여 사용하는 경우는 발생하지 않는다. 며느리가 시어머니를 호칭할 때는 어머님이라 해야지 어떤 경우에도 엄마라고는 할 수 없다. 이는 친소관계와는 전혀 다른 문제이다. 어머님이라는 호칭에 얼마나 다양한 감정을 반영하여 부르느냐 하는 것이 며느리와 시어머니의 관계를 결정하는 것이지, 어렵다거나 가깝다 하여 어머님이라는 호칭을 바꿔 부를 수는 없다.

며느리는 시어머니를 어머님으로, 시아버지를 아버님으로 호칭해야 하는데, 최근 방송 드라마에서 호칭을 왜곡하여 전혀 있을 수 없는 대화 장면을 연출하고 있다. 아무리 가깝고 친근한 사이라도 모녀지간이 아니고서야 어찌 며느리가 시어머니에게 '엄마'라는 호칭을 사용할 수 있는 것인지 납득할 수 없다. 한술 더 떠 며느리가 시아버지에게 '아빠'라 칭하는 정말 상상도 할 수 없는 드라마가 등장하고 있어, 작가들의 파괴적 언어 사용에 놀라움을 금할 수가 없다. 이런 터무니없는 언어 사용의 일탈은 한국인의 언어사용에 지극히 나쁜 영향을 끼치는 것으로, 고모를 이모라 칭하는 것과 같은 명백한 잘못으로, 호칭을 파괴하여 얻을 수 있는 기대효과는 아무것도 없다.

엄마와 어머니, 어머님은 사용하는 환경이 정해져 있는 것이나. 관계가 가깝다고 해서 며느리가 시어머니에게 엄마로 호칭한다거나, 시아버지에게 아빠로 호칭한다는 것은 일고의 가치도 없는 오류이다. 마치 외국인이 한국어를 몰라서 사용하는 것과 같다. 아빠라 부르면 부녀지간의 호칭으로 생각하지 아무도 시아버지를 부르는 며느리의 호칭이리라 생각할 수 없다. 마찬가지로 장인, 장모에게 아빠, 엄마라고 칭할 수는 결코 없다. 그런데 그런 일이 다름 아닌 방송의 드라마 등에서 벌어지고 있으니 아연실색하지 않을 수 없는 일이다. 이런 터무니없는 표현은 친근감을 주기는커녕 불쾌감만을 줄 뿐으로, 부적절한 시도이며 잘못된 일탈일 뿐이다. 정상적 호칭으로도 얼마든지 친근감을 나타낼 수 있고, 드라마에서 추구하는 의도도 살릴 수 있을 것이다.

언어의 의미구조를 파괴하는 의도적인 행위는 국어사용의 동질성을 깨트리고, 특히 언어 습득기의 청소년들에게 한국어의 잘못된 지식을 전달하는 등 폐해가 심각할 수 있어 당장 중지되어야 한다.

◦ '호칭'의 오남용사례 분석 ◦

(80) A : 한마디도 지고 싶지 않은 고부 사이에 늘 불꽃이 튀는데요, 마침내 도화선에 불붙었어요.

　　 B : 말을 하는 거지 빨리 나와 얼른.

C : 아이구 싫어요. 왜 그래요. 엄마.[58]

➡ C : 아이구 싫어요. 왜 그래요. 어머님 / 어머니.

(81) A : 그런데 우효광씨가 미역국을 한 솥씩 먹어요.

　　 B : 아빠가 미역국을 더 좋아하세요. 아빠랑 엄마랑 같이 있을 때는 몇 배를 끓여야 돼요.[59]

➡ B : 아버님이 미역국을 더 좋아하세요. 아버님이랑 어머님이랑 같이 있을 때는 몇 배를 끓여야 돼요.

(82) 우리 딸 최고.[60] 사랑해

➡ 우리 며느리 최고. 사랑해.

(80)~(82)의 세 예문에서 호칭으로 사용된 '엄마, 아빠, 딸'은 부모와 자식 간에 사용된 경우가 아니다. 문장만으로 생각한다면 (80)~(82)은 엄마 아빠와 딸의 관계에서 나온 표현으로 생각할 수밖에 없다. 그러나 실제로는 '시어머니, 시아버지, 며느리'를 이와 같이 표현하고 있다.

일반적으로 엄마나 아빠는 친부모와 자식 간에서만 사용하는 호칭으로 결혼으로 맺어진 관계에서는 사용할 수 없는 단어이다. 시어머니는 어머님으로 시아버지는 아버님으로 부르는 것이 정상으로, 어머님이나 아버님은 엄마나 아빠의 높임

---

58 https://www.youtube.com/watch?v=4Z2y44Y3b94 (1분 0초~1분 15초)
59 https://www.youtube.com/watch?v=Ghx30tR0A4w (21분 46초~54초)
60 https://www.youtube.com/watch?v=Ghx30tR0A4w (24분 0초~4초)

말이긴 하지만, 결혼해서 맺어진 관계에서는 반드시 이 호칭만을 사용해야 한다. 즉, 엄마나 아빠란 호칭과 아들이나 딸이란 지칭은 그 의미가 규정되어 있어 '엄마, 어머니, 어머님'을 사용할 수 있는 경우는 다른 것이다. 친자식이 아닌데 친근감의 표현으로 '엄마, 아빠'로 칭하는 것은 단어의 의미를 잘못 이해하고 있는 단순한 무지의 표출이라고밖에 할 수 없다.

7. 부적절한 표현의 증가

1) '~해 주다'

최근의 대화를 들어보면 '먹어 주다, 마셔 주다, 입어 주다, 자 주다'와 같이 '~하다'가 아닌 '해 주다'를 사용하는 경우가 많아졌다. 건강을 위해 이런 약을 '먹어 줘야 한다'고 말하는 것이다. 그냥 '먹어야 한다'로 표현해야 하는데, 거기에 '주다'를 붙여 예전에 없는 어투로 말한다. 원래 '~해 주다'는 '서로 다른 두 주체를 설정하여 그 사이에서 서로 주고받는' 경우에 사용하는 표현이다. 그렇지 않고 한 주체가 자신을 위해 하는 행위에 '~해 주다'의 구문을 사용하는 것은 자연스럽지 못한 경우가 많다. 단순한 자신의 행위에는 '~해 주다'가 아니라 그냥 '~하다'로 표현하는 것이 바람직하다. 자신의 행위를 마치

제삼의 주체와의 관계 속에서 이루어지는 행위인 양 표현할
필요는 없다.

　(83) 그는 내가 만든 음식을 맛있게 먹어 주었다.
　(84) 아들은 내가 사준 싼 옷을 아무 소리 없이 입어 주었다.
　(85) 감기에 걸렸을 때는 물을 자주 마셔 주십시오.

　(83)~(85)는 화자가 타인과의 관계 속에서 이루어지는 표
현들로, 모든 문이 화자와 제삼자가 있고 그 둘이 행위를 주고
받는 설정이다. '해 주다'는 내가 타인에게 행위를 하거나, 타
인이 나를 위해 행위를 하는 관계설정이 있을 때 자연스러운
표현이 되는 것이다.

　하지만 최근 들어 자신의 행위에 '해 주다'의 사용이 부쩍 증
가하고 있는데, 타인과의 관계 속에서 사용되는 '~해 주다'를
자신의 행위에 사용하는 것은, 자신의 행위를 마치 자신이 아
닌 제삼자를 위해서 하거나 일반인에게 요구하는 것 같은 느
낌을 준다. 즉 자신의 행위를 타인을 위해 하는 것 같거나, 타
인에게 설명이나 지시를 하는 것 같은 느낌을 줘, 자연스러운
표현이라 하기 어렵다.

　홈쇼핑 등에서 물건을 소개하면서 사용하는 '~해 보다'의
표현도 비슷한 경우로 볼 수 있다. '해 보다'가 지극히 형식적
으로 사용되는데, 이것도 '보다'를 생략하는 것이 자연스러운

경우가 많다.

원래 '~해 보다'의 '~보다'는 한번 '먹어 보다 / 입어 보다'처럼 문법적 의미를 갖는 보조동사로, '시험 삼아 한번 ~해 보다 / 시도해 보다 / 경험해 보다'라는 의미를 나타낼 때 사용하는 형식으로, 주문한 물건을 집에서 시험 삼아 받아보는 것이 아니기 때문에 '받다'를 사용하는 것이 자연스러울 것이다. 받아서 '보라'는 의미가 아닌 이상 특별히 '보다'라는 동사를 첨가할 필요는 없는 것이다.

(86) 일본에 가면 <u>드셔보실</u> 수 있습니다.
 ◐ 일본에 가면 <u>드실</u> 수 있습니다.

(87) 댁에서 편하게 <u>받아보실</u> 수 있습니다.
 ◐ 댁에서 편하게 <u>받으실</u> 수 있습니다.

○ '~해 주다'의 오남용사례 분석 ○

(88) 김구라는 "최근 상암동 모처에 개인 공간을 마련했다. 호텔식으로 꾸며
   놨는데 왜 호텔마다 미니 바가 있는지 알겠다. 혼자 있으면 잠이 잘
   안 온다. 그럴 때마다 술을 <u>마셔줘야 한다</u>"고 토로해 웃음을 자아냈다.[61]
 ◐ 김구라는 "최근 상암동 모처에 개인 공간을 마련했다. 호텔식으로 꾸며
   놨는데 왜 호텔마다 미니 바가 있는지 알겠다. 혼자 있으면 잠이 잘

---

61 http://stoo.asiae.co.kr/news/naver_view.htm?idxno=2016021715045412015

안 온다. 그럴 때마다 술을 <u>마셔야 한다</u>"고 토로해 웃음을 자아냈다.

(89) '품위 있는 그녀' 김희선 패션 vs 김선아 패션, 이 정도는 <u>입어줘야</u> "상류
　　　층부자" 아니겠어요? [62]

　　➲ 품위 있는 그녀' 김희선 패션 vs 김선아 패션, 이 정도는 <u>입어야</u> "상류층
　　　부자" 아니겠어요?

(90) '컬투쇼' 정찬우, "이 과잔 <u>먹어줘야</u> 합니다. 추억을 먹는 거니까요." [63]

　　➲ '컬투쇼' 정찬우, "이 과잔 <u>먹어야</u> 합니다. 추억을 먹는 거니까요."

(91) 발리여행, 여기는 꼭 <u>가줘야</u> 해요.[64]

　　➲ 발리여행, 여기는 꼭 <u>가야</u> 해요.

　　(88), (89)는 의미 없는 '해주다'로 '주다'를 빼야하고, (90), (91)
은 '주다'를 빼야하지만, 화자의 생각을 제3자에게 제안하는 듯
한 표현으로 설정한다면 '해 보다'로 말하는 것은 (88), (89)보다
다소의 허용 가능성이 있어 보인다.

2) '단축어와 합성어'

스마트폰의 등장으로 문자메시지 발송이라는 의사소통방식

62 http://news.g-enews.com/view.php?ud=20170727133534797700c551d053_1&m
　　d=20170727134628_F (글로벌이코노믹, 제목)

63 http://news.topstarnews.net/detail.php?number=268979

64 http://blog.naver.com/foxr926/221039581245

의 변화는 언어사용에도 커다란 영향을 주고 있다. 스마트폰의 작은 화면에서 자판을 두드리며 신속하게 문장을 만들어 보내며 실시간으로 대화를 주고받는 사회가 되다 보니, 사용되는 언어에도 기존의 어법을 따르기보다는 일상에서 쓰는 말을 그대로 입력하거나 필요에 따라서는 매우 간략화해서 보내는 경우가 일반화되고 있다. 당연히 대화에는 문장체가 아닌 구어체 문장이 주류를 이루고 비속어는 물론 축약되거나 압축되어 마치 암호처럼 된 말들이 여과 없이 사용되기도 한다. 겨우 의사전달만을 위한 최소한의 단어나열이 많고, 대화당사자들이 아니고서는 문장의 의미를 이해하기 힘든 경우도 있을 정도이다.

많은 사람들이 휴대폰 없이는 살 수 없는 일상이 되어 휴대폰을 이용하여 일탈된 말들을 일상으로 사용하다 보니 언어사용에 커다란 변화가 나타나고 있다. 은어, 속어 등을 즐겨 쓰는 젊은 층에서는 글쓰기에서도 그런 일탈된 언어사용이 생활화되고, 그런 습관은 잘못된 언어를 사회의 일상 언어로 고착시키고 있다.

앞서 기술한 바와 같이 젊은 층의 언어는 사회인이 되면서 바꿔어야 하는데 그렇지 않다는 데에 문제의 심각성이 있으며, 이들의 일탈된 언어를 사회가 바로잡아주는 기능을 다하면 되는데, 사회마저 문제제기는커녕 덩달아 사용하는 웃지 못 할 일이 벌어지고 있다.

유행어 등 새로운 말들은 사회변화에 따라 얼마든지 만들어질 수 있는 일이지만, 그 사용에는 주의를 기울임이 마땅하다. 무엇보다도 학교나, 방송 등에서는 특별한 경우가 아니고는 사용을 자제해야 하는데 현실은 전혀 그렇지 않다.

언어는 변화하는 것으로 유행어도 추후 사전에 등재되어야 할 정도로 바람직한 것도 있지만, 그렇지 않고 사라지는 것이 많다. 어쨌든 어떤 경우에도 사전에 등재되어 있지 않은 말을 학교나 방송 등에서 공공연하게 사용하는 것은 바람직하지 않다. 자칫 공적영역에서 은어, 속어, 유행어 등을 여과 없이 사용하게 되면 유행어처럼 번져 바르지 않은 언어를 확대 보급하게 되는 좋지 않은 결과를 낳게 된다.

다문화사회를 일상으로 말하는 사회가 되었다. 이주나 여행을 목적으로 한국에 오는 외국인이 급증하고 있다. 한국에 체재하며 한국어를 배우며 살아가는 많은 외국인들이 일상에서 모르는 단어를 접하게 된다면 사전에서라도 찾아내야 하는데, 방송 등의 공적인 자리에서 사전에도 실려 있지 않은 단축어나 합성어 등을 정상인 양 사용하게 되면, 무슨 말을 하는 것인지 알아낼 방법이 없어 의사소통에 지장을 받게 된다.

누구나 살아가면서 한국인으로서 알아야할 단어들을 습득하고 그것을 사용하면 의사소통에 불편함이 없어야 한다. 따라서 낯선 외국어의 사용도 자제함이 옳고, 불필요하거나 익숙하지 않은 단어 등을 사용하지 않는 것이 한국인들의 편한 언어사용을 위해 바람직하다. 문명의 발전으로 새로운 단어의 탄생을 받아들여야 하는 사회이지만, 정보가 쏟아져 나오는 이런 복잡다단한 사회에서 바람직하지 못한 언어유희로 만들어진 듯한 불필요한 단어들마저 익히고 살아야 한다는 것은 매우 번거롭고 불편한 일이다. 거친 사회를 조장하는 부적절한 단어들이 등장하여 너무나도 많이 사용되고 있어, 한국인의 언어생활을 왜곡하고 있다.

언제부턴가 사람을 일컬어 '~**남**', '~**녀**'를 만들어내며 수많은 종류의 사람들로 나눠부르고 있어 도대체 무슨 말인지 이해할 수 없는 경우가 많아졌다. '**진상**'이라느니 '**쌩까다**'라느니 '**짱**'이라느니 일부 집단에서 은어처럼 사용하다 쇠퇴되어야 할 단어들이 일상에서 버젓이 사용되고 있다. '**꿀**(벅지 / 피부)', '**왕**(재수 / 싸가지)', '**꽃**(미남)'처럼 지나치게 과장되거나 듣기 거북한 단어들의 합성이 홍수처럼 쏟아져 나오면서 한국어의 품격을 떨어트리고 있다.

또한 가진 자의 폭거를 가리키며 '**갑질**'이라는 매우 부정적인 말을 방송에서 남발하고 있어, 좋지도 않은 말을 일상어로 자리 잡게 하고 있다. 사회현상을 신랄하게 비판하려는 의도를 모르는 바는 아니지만, 욕설과도 같은 단어를 거침없이 사용하는 것은 적절하다고 할 수 없다. 더욱이 언론매체에서 표제어로 잡아 사용하는 것은 한국인의 거친 언어사용을 조장하는 행위로 납득하기 어렵다.

행위를 나타내는 '질'이란 접미어는 사람에게는 '도둑질'뿐만 아니라 '계집질, 서방질'처럼 입에 담기 거북한 행위를 하는 경우에 사용되는 말로, '질'이 붙는 단어들을 생각해보면 만들어내기가 주저되는 합성어이다. 가진 자의 횡포가 심하다 하여, 막말수준의 합성어를 만들어 욕설처럼 퍼붓는 것은 그 자체가 상대의 명예를 훼손하는 불법행위가 될 수도 있어 정작 중요한 사태해결을 꼬이게 할 수 있다. 그런 현상을 막는 조처에 힘을 쏟으면 되는 것이고, 표현은 '갑의 횡포'라는 기존의 단어로도 충분할 것이다.

기자나 국회의원을 '**기레기**', '**국개의원**'이라 하며, 매우 저속하거나 욕설에 가까운 합성어를 만들어 사용하는 경우도 많아졌다. 비난받아 마땅한 기자나 국회의원이 있어 이를 빗대어 저속하게 표현할 수도 있는 일이지만, 그 단어들이 일반명사처럼 공공연하게 사용되는 것은 바람직하지 않다.

좋은 집안에 태어난 자를 '**금 수저**' 그렇지 못한 자를 '**흙 수저**'라 하며, 인간을 선과 악으로 구분하여 대립적 형태로 규정지어 말하는 것도, 극한 대립으로 신음하고 있는 한국사회를 더욱 분열시키는 행위로, 이런 극단적인 표현들이 한국인의 사고방식을 매우 부정적으로 만들고 있다. 잘못 만들어진 단어 하나가 인간의 사고를 지배하여 거칠고 대립적인 사회를 조장할 수 있는 것이다. 극단적인 표현은 말하는 자에게는 통쾌함을 선사할지 모르지만, 듣는 자에게는 극도의 불쾌감을 안겨주며 냉소적이거나 신경질적인 반응을 불러올 수도 있어, 거친 표현으로 얻을 수 있는 효과는 기대하기 어려울 수 있다.

많은 이가 좋은 나라, 좋은 집안에 태어나고 싶어 하니, '금수저'를 물고 태어났다는 비유는 부러움의 대상으로 표현하면 된다. 부모 잘 만난 자들의 행위가 나쁘다하여 자신의 처지를 그들에 빗대 '흙 수저'를 물고 태어난 자라고 대비적으로 표현하는 것은 대립을 부추기는 매우 부적절한 표현이다. 가진 자를 비난하려면 가진 자들만을 대상으로 말하면 되는 것이다. '금 수저'를 비난하기 위해 내가 갑자기 '흙 수저'가 될 수는 없는 노릇이다.

따돌림의 **'왕따'**는 일상어가 되고, 대학에서는 **'동방'**(동아리방) / **막학기**(마지막학기) / **강입**(강제입력)'이 처음 마주하는 교수에게도 스스럼없이 쓰이고 있다. '막학기'라니 그럼 마지막 수업은 '막수업', 마지막 기회는 '막기회', 마지막 주는 '막주'라고 말할 수 있다는 것인지 묻고 싶다. '막차'가 있긴 하지만 명사 앞에 붙는 한국어의 '막'은 '막고무신'처럼 거칠거나 품질이 낮은 경우, '막노동'이나 '막가다 / 막나가다'처럼 '닥치는 대로', '함부로'의 뜻을 더해주는 그다지 긍정적인 의미를 갖는 단어가 아니다. 경제용어에서의 축약어도 일상으로 등장하여 은행의 '**주담대**(주택담보대출)'처럼 만인에게 일반명사인 양 사용되고 있다. '**혼밥 / 혼술**' 등의 조어도 유행처럼 사용되고 있어, 혼자 하는 공부를 '혼공', 혼자 하는 여행을 '혼여', 혼자 보는 영화를 '혼영', 혼자 노는 것을 '혼놀', 혼자 추석을 보내는 것을 '혼추'라 하고 있으니 이 모든 것이 재미나 장난과도 같아 널리 사용할 언어라고 생각되지 않는다.

한자어는 글자마다 의미를 가지고 있어 조어에 논리적 근거를 제공할 수 있는데, 고유어는 성격이 달라 특히 활용하는 용언이 아닌 경우 단어 전체가 하나의 의미를 갖기 때문에, 그 분해된 형태자체로는 의미를 부여하기 어려워 조어에 사용할 경우에는 의미적 문제뿐 아니라 한자어와의 혼동 등도 따져봐야 할 것이다. 즉 '혼자'의 '혼'만을 가지고서 '혼자'의 의미를 나타내는 단어로 인식하기는 매우 어렵다는 것이다. 한자어가 한국어의 상당부분을 차지하고 있고, 한자어와 고유어의 의미 구조가 다른데, 양언어의 특징을 제대로 이해하지 못한 상태에서 단순한 논리로 만들어진 조어들을 아무런 검증도 없이 보급이라도 하듯 사용하는 것은 잘못이다. 고유어로도 얼마든지 새로운 단어를 만들어 낼 수 있고 오히려 좀 더 장려해야 할 사항일 것이다. 하지만 어느 한 집단에서 재미나 장남 삼아 만들어 사용하던 말을 공적인 영역에서 무분별하게 사용하는 일은 다른 문제이다. 새로운 조어의 공적인 사용에는 교양인들의 이해를 바탕으로 하고, 전문가나 학계의 추인과 같은 공적과정을 거쳐 정착되어야 한다.

원래 '혼'은 섞는다는 의미의 한자어이다. 당연히 '혼'과 결합하여 생성되는 단어는 '섞는다'는 의미를 갖는 복합어가 된다. '혼'이 들어가는 복합어에 이미 '혼식 / 혼숙 / 혼성' 등의 단어가 있어 널리 사용되고 있다. '혼식'은 혼자 먹는 식사가 아니라 잡곡을 섞어 놓은 밥이라는 뜻이고, '혼숙'은 남녀가 같이 숙소에 드는 것을, '혼성(보컬)'은 남녀가 함께하는 보컬을 의미한다. 혼식이 혼자 먹는 밥이 될 수 없고, 혼숙이 혼자 묵는 숙박이 될 수 없으며, 혼성(보컬)이 남성 또는 여성들만으로 구성되는 보컬이 될 수 없다. 무분별한 언어유희가 정상적인 한국어로서의 시민권을 부여받게 할 수는 없다.

일부 연령층에서 재미있는 어휘를 만들어 사용한다고 해서 공적매체나 일반대중을 상대로 하는 판매시설에서 무조건적으로 사용하는 것은 유치하기도 하지만 무지한 일이기도 하다. 유행어를 사전에 등재하여 정상적인 한국어로서 자리매김하는 데에는 그에 상응하는 공적 절차가 필요한 것이다. 그냥 일부 층에서 사용하다 사라지면 될 것들을 공공에 모두 노출시켜 보급이라도 하듯 하는 행위는 한국어의 발전이 아니라 혼란을 초래하는 행위일 뿐이다. 그런데 방송에서도 아무 생각없이 사용하고 있으니 그 문제는 심각하다 하겠다.

언젠가 콘서트 등에서 관객들이 함께 부르는 장면에서 이를 가리켜 '**떼창**'이라 표현하여 깜짝 놀랐다. SBS 인터넷기사에 「인종·언어 초월한 '떼창'… 방탄소년단, 월드투어 시작」이라는 제목의 기사가 있었다.

다수가 함께하는 경우에 이를 다소 속되게 말하거나 동물들의 무리를 일컬어 '떼'라는 접미어를 붙여 사용한다. 오래전에 현대그룹의 회장이 수많은 '소'를 이끌고 북한에 간 적이 있는데, 이 때 '소떼'를 몰고 갔다고 표현했다. '개미떼 / 벌떼 / 새떼'처럼 동물들의 무리를 가리켜 말하거나, '사람들이 떼(거지)로 몰려오다'처럼 사람들의 무리를 비하하거나 속되게 말할 때 사용하던 말이 '떼'이다. '거지 떼들이 몰려왔다'는 말은 해도, '정치가 떼들이 몰려왔다'라든가, '연구자들이 떼발표를 했다'라는 말은 하지 않는다. 그런데 갑자기 관중들의 합창에 '떼'를 붙여 표현하니 말하는 이가 그 단어의 뜻을 제대로 이해하고 사용하는 것인지 듣기 거북했다. '관중들이 환호하며 ○○의 노래를 함께 불렀다'라는 표현으로도 충분하다.

새로운 단어를 만들려면 좀 더 심사숙고해야 할 것이다. 너무 가볍게 비속어와 같은 말을 조어에 사용하는 것은 단어의 진정한 의미를 모르는 매우 위험한 행위이다. 아무리 일반에서 사용되는 말이라 해도 사전에 등재되기 전까지는 그 사용을 자제해야 한다. 모두 흔히 쓰는 비속어의 욕설 등이 있지만 언론매체나 공공의 장에서 이를 사용하지 않는 것과 같은 이치이다.

　같은 의미의 복수의 단어가 있다 해도 각각의 단어는 사용 환경이 정해져 있어 의미역할을 분담하는 경우가 많다. 사람을 가리켜 '○○자', '○○인간', '○○놈', '○○녀석', '○○새끼'와 같은 단어를 사용할 수 있지만, 각 단어가 사용되는 환경은 서로 달라, 같은 의미라 생각하며 어느 경우에나 자유롭게 사용할 수는 없다. '떼'라는 말이 인간의 어느 집단에나 쉽게 붙여 사용할 수 있는 의미의 단어는 아니다. 최근 들어 경어의 오류가 빈발하고 있는 것과 마찬가지로, 역할을 달리하는 비슷한 단어들에 있어서도 그 단어들의 의미를 제대로 이해하지 못하고 사용하는 경우가 많은데, 방송과 같은 공공의 영역에서도 쉽게 목격되고 있어 최근의 한국어사용에 나타나는 문제는 심각한 수준이라 하겠다.

　최근 애완동물을 일컬어 많은 이가 **반려동물**이라 부르고 있는데, 이런 합성어도 단어의 의미를 생각한다면 전혀 맞지 않는 조합이다. 원래 '반려'란 '짝이 되는 동무'를 뜻하는 말이다. '인생의 반려자', '평생의 반려자'라는 표현에서 알 수 있듯이, 일반적으로 배우자를 지칭하는 반려자는 배우자 이외의 어떤 가족구성원에게도 사용되지 않는 말이다. 연로한 부모를 평생 모시고 사는 자식도, 시부모와 평생을 의지하며 함께 사는 며느리도 반려자는 되지 못한다. 반려란 말이 짝이라는 한정된 의미를 나타내기 때문이다. 평생을 함께 할 부부가 상대방을 일컫는 말이 반려자인데, 동물에게 반려라는 단어를 사용한다는 것은 참으로 받아들이기 거북하다. 동물이 인간과 부부처럼 지낸다는 것도 아니고, 개가 아무리 사랑스럽고, 외로움을 달래주는 평생의 친구라 해도, 배우자에 써야 하는 반려란 말을 붙이는 것은 납득하기 어렵다. 백번 양보하여 외로운 사람과 동고동락하며 반려자의 역할을 대신해주는 개라는 의미에서 반려견이란 말을 수용한다 하더라도, 이는 혼자 여생을 보내는 자들이 기르는 개에게나 비유적으로 사용할 수 있는 정도이지, 가족이 함께 키우는 개에게는 비유조차 적절하지 않다.

최근에는 반려식물이란 말도 등장하고 있는데, 우리의 언어 사용이 너무 가볍게 이루어지고 있음을 나타내는 대목이다. 새로운 합성어의 생산도 단어의 의미에 맞게 적절하게 이루어져야 하는데, 감상적인 발상에서 만들어져 사용되는 경우가 많아, 한국어사용의 왜곡을 낳고 있다. 그냥 '개' 또는 '애견'이라는 칭호로도 충분하다. 반려견이라 해놓고 밖에 내다버리는 일이 비일비재한데, 이는 곧 개에 대한 사람들의 마음과 행동이 중요한 것이지, 칭호의 문제가 아니라는 의미일 것이다. 개라 불러도 얼마든지 아끼며 사랑할 수 있는 것으로 반려견이라 불러야만이 개를 더 아끼고 사랑할 수 있다는 생각은 설득

력이 없다. 의미에도 맞지 않는 부적절한 조어(합성어)를 만들어 내는 행위는 옳지 않다.

부사어의 '그다지'도 '**그닥**'으로 줄여서 표현하는 것은 바람직해 보이지 않는다. '그닥'은 발음상으로도 막히는 받침음으로 끝나는 것이기에 좀 답답할 수 있으며 특별히 줄여 말할 만한 개연성을 찾아볼 수 없다. 정도를 나타내는 부사어는 강조 용법으로 어형의 변화를 가져오기도 하지만, '그다지'는 더 강조될 만한 의미로 사용하는 경우가 많지 않아 보이고, 굳이 강조한다면 '그다~지'로나 해야 할 듯하다. '자연히'와 '절대로'와 같이 한자어에 붙는 '히'나 '로' 등은 부사어를 만드는 기능을 하고 있는데, 그 어미를 생략한 형태가 그대로 부사어로 사용되는 경우가 많이 존재하기 때문에, 한자어를 부사어로 만드는 어미의 생략은 형태론적으로 개연성이 높다고 할 수 있다. 하지만 '그다지'의 '그다'는 명사도 아니며 그 자체로 의미를 이루는 말도 아니기에 '지'를 'ㄱ'으로 줄여 붙이는 데에는 형태상으로나 어법상으로 부자연스러워 적절하다고 보기 어렵다.

'전혀, 조금도'의 의미를 나타내는 '하나도'를 '**일도**'로 말하는 것도 장난 그 이상도 이하도 아닌 바람직하지 못한 표현이다. 그럴듯한 새로운 발견이라도 해낸 듯 사용하고 있지만 그저 무지해 보이거나 장난하는 것처럼 보여 사용하지 말아야 한다.

한국어나 일본어의 어려운 점 중에 하나는 수량사에 붙는 수사의 읽기이다. 특히 수사를 모두 한자로 쓰고 그 한자를 음독과 훈독으로 구별하여 읽는 일본어에서는 '一'을 '일'로 읽을지 '하나'로 읽을지 하는 것이 일본인들에게나 쉬운 일이어도, 외국인 학습자에게는 시험에도 자주 나올 정도의 매우 까다로운 사항이다. 일본어에서 '一'을 '일'로도 '하나'로도 자유롭게 읽는 경우는 거의 없어, '일'과 '하나'를 구별하여 읽지 못하면 기본적인 공부가 되어 있지 않은 자가 되는 것이다.

시간의 '한 시'를 '일시'로 읽는다고 무엇이 어떠냐고 할 수 있겠는가? '십원'을 '열원'이라 한다거나, '오층'에 사는 사람이 '다섯층'에 산다고 한다면 우리의 언어가 어찌 되겠는가? '다섯층'은 다섯 개 층 전체가 될 수도 있어 의미가 달라질 수도 있다. 순간 재미있다고 생각할 수 있을지는 모르지만, 이것은 불필요한 언어유희에 불과한 것이다. 외국인이 잘못 읽은 것을 재미있어 하거나 놀려주기 위해 시작했을 법한 '일도(하나도)'와 같은 표현은 사용해서는 안 될 일이다.

그런데 TV의 인기드라마에서 '일도(하나도)'를 아주 자연스럽게 사용하고 있어 정말 어처구니가 없을 뿐이다. 한국어를 망가트리는 부적절한 행위이다. 반감만 주며 특별한 효과도 내지 못하는 이런 표현이야말로 바른 한국어를 지켜내기 위해 엄격한 제한이 요구된다. '공공의 안녕을 해친다는' 말이 있듯이, 부적절한 언어사용은 한국인의 바른 언어사용, 즉 공공의 언어사용을 해치는 일이 될 수 있어, 이를 표현의 자유라는 말로 용인해줄 수는 없다.

언어는 세대별로 본인들만이 사용하는 어휘가 존재하지만 이는 소속 집단에서 사용하면 되는 것으로, 전 세대에서 사용하도록 노출시킬 필요는 없다. 은어, 속어, 욕설을 공적으로 사용해서는 안 되는 것과 같은 이유이다. 언어는 생산되고 쇠퇴하는 과정을 겪는 것이지만, 긍정적이고 발전적인 방향으로의 변화를 꾀해야 한다. 일탈된 행위는 공적매체가 아닌 사적영역에서 그를 추구하는 자들에게 선보이면 된다. 방송은 남녀노소가 모두 보고 듣고 있는 것으로 방송 일에 종사하는 자들의 부적절한 언어사용은 용납될 일이 아니다. 우리의 일상이 화나면 욕설을 퍼붓고 할 수 있지만, 그런 모습을 확대 재생산하는 방송 드라마의 모습은 있을 수 없다. 그런 면에서 방송작가들의 언어사용에는 깊은 주의가 요구된다.

'내가 하면 괜찮은데 타인이 하면 안 된다'라는 '내가 하면 로맨스, 타인이 하면 불륜'이라는 말을 **'내로남불'**의 4자로 줄여 마치 사자성어라도 되는 양 사용하고 있다. 어느덧 정치권에서는 '내로남불'이라며 상대를 비난하는 경우에 어김없이 사용하고 있어 정치지도자들마저 국민을 자극하며 불필요한 언어를 확대재생산하는 일에 일등공신이 되고 있다. 국민들의 잘못된 언어사용을 부추기고 있는 꼴이다. 도저히 국민들을 바르게 이끌어갈 수 있는 정치지도자들의 언어에 대한 판단력이라고 생각할 수 없다.

미세먼지가 기승을 부리니 겨울철의 한국을 '**삼한사미**'라 하는 표현도 등장하고 있지만, 이를 원 단어의 구성에서 생각한다면 전혀 어울리지 않는 조어이다. 그저 무지의 조어라고 할 수 있다. '삼한사온'은 '한'과 '온'이 서로 대립하는 점을 취하여 만든 숙어이다. 삼일 추우면 사일 따듯하다는 대립에서 만들어진 구성이다. '미세먼지'가 '한'과 대립적 의미를 구성하는 것이라면 원래 있어야 할 '온'은 어떻게 처리할 수 있단 말인가. 추울 때와 미세먼지가 대립한다는 것이라면 만일 추울 때 미세먼지가 발생하게 되면 안 되는 것이다. 바람이 불면 미세먼지가 날아가니 겨울의 바람 불어 추운 날이 바람 없어 따듯한 날에 비해 미세먼지가 덜할 수도 있겠지만, 그 대립이 꼭 들어맞는다고 단언할 수는 없다. 따듯한 여름에도 미세먼지는 발생한다. 만일 더운 여름에 바람이 없고 아주 무더운 때일수록 미세먼지의 발생이 심하다면 '삼온사미'라고도 말해야 된다는 것인지 별 이치에 맞지 않는 조합의 단어이다. 언어의 구성은 합리적이며 논리적인 것이다. 그저 장난삼아 지어낸 부적절한 말들이 공적영역에서 사용되는 일은 있을 수 없다.

또한 '**멘붕**(멘탈붕괴)'과 같이 영어와 한국어의 합성어는 불필요한 영어와 한국어의 부적절한 결합으로 한국어사용에 혼란을 가져오는 불필요한 것이다. 그냥 '정신이 혼란에 빠지다'라는 표현으로 충분하다. '머릿속이 하얗게 되다'라는 표현도 가능하다. 무언가 영어를 잘 아는 지식인의 표현처럼 사용하지만 오히려 어설픈 영어지식의 불완전성을 지적받을 가능성이 높다고 할 수 있다. **'썸 타다'**라는 말도 마찬가지이다. 우연히 스쳐 본 방송에서 이 엉터리없는 말을 무언가 새로운 프로그램이라도 제공하는 듯이 사용하고 있었는데, 그것도 한글날 당일 뉴스에서 외국어사용의 잘못을 지적하고 비난한 연후에 이어지는 프로그램에서의 일로, 정말 어이가 없어 입을 다물 수가 없는 장면이었다. 사회의 잘못은 지적하면서 자신들의 잘못은 되돌아보지 않는 방송의 민낯을 확인한 상황이었고, 방송이 바른말 사용을 운운하는 것과는 정반대의 모습이다.

한국인에게 한국어는 아름답고 소중한 것이다. 이 아름답고 소중한 한국어를 갈고 닦는 일은 한국어 속에서 이뤄내야 한다. 한국어로 생각하고 한국어 속에서 창의력을 발휘해야 한다. 설부른 외국어와 한국어의 합성어나 또래 친구들이 은어처럼 사용하는 말들을 일상생활에서 무분별하게 사용해서는 안 된다.

○ '축약어와 단축어'의 오남용사례 ○

(92) 오늘도 좋은 하루 보내시고 맛있는 즐점 하세요.[65]

➋ 오늘도 좋은 하루 보내시고 맛있고 즐거운 점심 하십시오.

(93) 패션까지 모두 화제인 20대들의 워너비. 얼굴 복붙 하고 싶은 아이돌 순위 1위라고 하네요.[66]

　▢복붙 : 복사 후 붙여넣기

➋ 얼굴을 똑같이 닮고 싶은 인기연예인 순위 1위라고 합니다.

(94) 블랙핑크의 메이크업을 한번 분석해 볼게요. … 느낌으로 맞췄다고 하는데요. 심쿵 러블리 메이크업의 정석을 보여주고 있습니다.[67]

➋ 심장이 쿵쾅거릴 사랑스러운 화장법의 정석을 보여주고 있습니다.

(95) A : 좀처럼 늘지 않는 소득, 빠르게 오르는 물가, 여기에다가 미래에 대한 불안까지 더해지면서 집집마다 고민이 깊어가고 있습니다. 그러다 보니 어떻게든 씀씀이를 줄여보려는 짠돌이식 절약이 지금 유행을 하고 있다고 합니다. 손승욱 기자가 취재했습니다.

　　 B : 생활비를 최대한 아끼려는 이른바 짠테크가 주부들 사이에 확산되고 있습니다.[68]

　▢짠테크 : 짜다+테크, 생활비를 아끼는 기술

(96) 오늘 혼밥 하러 온 이유는 뭐, 그냥 주말에 기숙사에 있는데 딱히 같이 밥 먹을 애도 없고, 다른 애들 다 놀러나가서 그냥 혼밥 하러 왔어요. 평소에 혼밥 자주 하죠. 그냥 수업이 같이 끝나면 동기들이랑 같이 먹으러 가는데 주말 같은 경우나 아니면 독강 하는 경우에 딱히 동기들이

---

65 https://www.youtube.com/watch?v=c47uNwac4_U (0초~6초)
66 https://www.youtube.com/watch?v=4i1VPycGjT4 (7초~15초)
67 https://www.youtube.com/watch?v=4i1VPycGjT4 (40초~55초)
68 https://www.youtube.com/watch?v=xQetRizzbgs(1~18초, 48초~53초)

같이 없으면 그냥 찾기도 귀찮고 해서 그냥 <u>혼밥</u> 하러 가요.[69]

□독강 : 대학 강의를 혼자 수강하는 것

(97) 한국도로공사 경부고속도로 입장(서울방향)휴게소가 지난해 8월 만든 '1인 전용 식사 테이블'이 여전히 높은 인기를 이어가고 있다. '<u>혼밥족</u> (혼자 밥 먹는 사람)'이 증가함에 따라 보다 편안하게 식사 할 수 있는 작은 공간이 큰 호응을 얻고 있는 것이다.[70]

(98) 아, 가슴이 답답한 하루였다. 뭐랄까, <u>고답이 상태</u>.[71] 날이 덥고 몸에 열이 나는 거면 차라리 찬 물 마시고 해열제 먹는 방법이라도 있지.

□고답이 : 고구마를 먹은 것처럼 답답한 사람

(99) 이 대변인은 또 "애초 청와대가 나서서 발표할 일이 아니었다"며 "'<u>낄끼빠 빠</u>'하라"고 했다.[72]

(100) 정해인은 최근 인기리에 종영한 SBS 수목드라마 '당신이 잠든 사이에' 에서 훈훈한 비주얼로 <u>우유남</u>이라 불리며 대중들의 뜨거운 사랑을 받은 받았다.[73]

□우유남, 우유녀 : 우월한 유전자를 가진 남자, 여자

(101) 최근 온라인 커뮤니티 등 SNS에서는 '<u>뇌섹남</u>'스타들이 인기를 끌면서 군입대해 별다른 이슈가 없는 지창욱(30)도 종종 언급되고 있다.[74]

---

69 https://www.youtube.com/watch?v=hI61OnKKPts (52초~1분 20초)
70 http://www.kukinews.com/news/article.html?no=500834
71 http://blog.naver.com/ppuwoo/220732260420
72 http://news.chosun.com/site/data/html_dir/2017/08/28/2017082801905.html
73 http://www.newsen.com/news_view.php?uid=201711200809481910

□뇌섹남 : 뇌가 섹시한 남자. 주관이 뚜렷하고 언변이 뛰어나고 유머러스하고 지적인 매력이 있는 남자.

다음은 각 언론이 단축어나 축약어에 대해 지적한 내용들을 발췌하여 정리한 것이다.

(102) 한글 파괴의 진원지는 소셜네트워크서비스(SNS)다. 낫닝겐(인간이 아니다), 비담(비주얼 담당), 갓띵작(신이 만든 최고의 작품), 취존 (취향 존중) 등 한글과 영어, 일본어 등을 뒤섞은 외계어 같은 말들이 SNS를 어지럽히고 있다. 버카충(버스카드 충전), 안물안궁(안 물어 봤음, 안 궁금함), ㅇㄱㄹㅇ(이거 레알, 이거 진짜 사실이다) 등 무리 한 줄임말과 욕설이 판치는 것은 눈살을 찌푸리게 한다. 많은 이들이 재미삼아 이런 말들을 구사하지만 한글 훼손은 궁극적으로 의사소통 의 수준을 떨어뜨리게 된다. 또한 청소년들의 줄임말, 은어 사용은 부모와 자녀 간 언어장벽을 만들면서 세대 단절 현상으로 이어지고 있으니 걱정이다.[75]

(103) '생선'과 '문상'이 일반에 두루 인식된 의미의 '물고기', '문상(問喪)'이 아닌 '생일 선물', '문화 상품권'의 축약어로 청소년과 청년층 사이에서 널리 쓰이고 있다. "이모, 이번 생선은 문상으로 주세요" 직장인 송모 (29 · 여) 씨는 얼마 전 초등학생 조카의 문자메시지를 받고 당황했 다. 생선을 문상으로 달라는 게 무슨 말인지 도무지 알 수 없었기 때문 이다. 고민 끝에 조카에게 뜻을 되물은 송 씨는 '생선'이 '생일선물',

74 http://www.insight.co.kr/news/125526

75 http://opinion.mk.co.kr/view.php?year=2017&no=665059

'돈싱'이 문화상품권'을 의미한다는 답변에 다시 한번 놀랐다. 2000년대 초 PC통신이 유행하던 시절에는 '하이루(안녕)', '방가방가(반가워)' 같은 신조어가 유행했다. 파격이기는 하지만 뜻은 추측할 수 있는 수준이었다. 반면 10여 년이 지난 지금, 청소년들이 주로 사용하는 신조어는 종류가 무궁할 뿐더러 원래의 말에서 변형된 정도도 심각해 성인들이 뜻을 알기 어려운 실정이다.[76]

(104) "낄끼빠빠 할 줄 아셔야죠." 얼핏 듣기에 가볍고 경박하게 들리기까지 한 이 생소한 단어는 뭐지 하는 호기심이 생겼다. 드라마 대사에 나올 정도면 이미 대중화되어 많은 사람들이 알고 있는 말인데…. 궁금해서 찾아보니 '낄 때 끼고 빠질 때 빠져라'의 줄임말로 '분위기 파악을 하고 융통성 있게 행동하라'는 뜻의 신조어란다.[77]

(105) 매일 육아에 찌들어 살다가 커피 한 잔 마시러 유모차를 끌고 나선 아기 엄마가 '맘충'으로 표현됐다는 소설의 한 부분이다. 요즘 한국 사회에서 '벌레'가 아닌 사람이 없다. 명절에 시댁에 먼저 들르자는 남편은 '한남(한국 남성)충'이다. 독서실 앞에 모여 재잘재잘 떠드는 중학생은 '급식충', 지하철 노약자석에 앉은 할아버지는 '틀딱(틀니 딱딱)충'이다. 공격적인 작명은 일상으로 확대돼 탕수육에 소스를 부어 먹으면 '부먹(부어 먹는)충', 찍어 먹으면 '찍먹(찍어 먹는)충'으로 불린다. ~충은 어원이 불분명하나 몇 해 전부터 인터넷에서 쓰이기 시작하여 일반 매스컴까지 급속도로 퍼졌다. 뜻은 벌레(蟲)의 충이며 자신 또는 타인을 비하하고 모욕할 때, 해당 행위나 대상을 칭하는 명사 뒤에 붙이곤 한다.[78]

---

76 http://v.media.daum.net/v/20130419110904074
77 http://www.inews365.com/news/article.html?no=505134

(106) 잠시 멈칫하셨다면 요즘 아이들 언어를 모르시는 겁니다. 이 정도 줄임
말은 애교에 가깝습니다. 버카충(버스 카드 충전) 엄빠주의(엄마 아빠
모르게 주의) 솔까말(솔직히 까놓고 말해서) 거의 외계어 수준이죠?[79]

(107) 노잼은 '재미'란 단어를 축약한 '잼'앞에 영어 단어 'No'를 붙여 만든
말로서 뜻풀이 그대로 '재미가 없다'는 의미로 쓰인다. 영어의 부정사
not과 일어의 인간이란 단어 닝겐(にんげん의 한국어읽기)이 합쳐져
서 만들어진 '낫닝겐'은 해석 그대로 '인간이 아니다'의 의미로 쓰여
대상에 대한 존경이나 비하의 표현으로 사용된다. '덕밍아웃' 역시 일
본에서 특정 분야의 매니아층을 일컫는 오타꾸(オタク의 한국어읽
기)를 한국식 발음처럼 바꾸어 부르는 말인 '오덕후'와 자신의 성적지
향을 밝힌다는 구어적 표현인 '커밍아웃'을 결합하여, 한 분야에 지나
치게 심취하는 성향임을 밝히는 것을 의미하는 단어로 요 몇 해 사이에
인터넷과 SNS상에서 급속도로 퍼져 쓰이고 있다.[80]

(108) 20대가 즐겨보는 잡지 '대학내일'연구소에 따르면 '나일리지'라는 단어
가 20대가 사용하는 신조어 중 하나로 추가되었다고 한다. '나이'와
'마일리지'가 합성된 단어 '나일리지'. 마일리지라는 단어는 고정 고객
확보를 위한 기업의 판매 촉진 프로그램이면서 항공사에서 시작되어,
근래에는 신용카드사·통신 회사 등에서 사용된다. 즉 고객 유치의 일환
으로 이용되고 있는 마일리지가 '나이'와 만나 '나일리지'라는 신조어가
된 것이다. 안타깝게도 '나일리지'는 마일리지와는 달리 부정적인 의미
로 사용된다. 마일리지가 쌓이는 것과 같이 나이를 먹으면서 그에 따른

78 http://news.joins.com/article/21680917 (중앙일보)
79 http://news.kbs.co.kr/news/view.do?ncd=3112552&ref=D (KBS뉴스)
80 '그것이 알고 싶다'에서 뜻밖의 '덕밍아웃'한 교수 http://news.joins.com/artic
e/21783982 (중앙일보 기사 제목)

권리를 기성세대가 당연히 누려야 한다는 의미로 사용되기 때문이다.[81]

    □나일리지 : 나이가 많은 것을 앞세워 무조건 우대해 주길 바라는 사람

(109) 후배로 인한 스트레스는 대부분 업무관계가 아닌 인간관계에서 오는
것으로, '최악의 후배'로 꼽힌 것은 '무지개매너(매너가 매우 없음)'형
이었습니다. 무지개매너형은 '무지'와 '개', '매너'의 합성어로 예의가
없는 사람을 말하는데 26%가 이 유형을 선택했습니다. 권력 있는
상사에게만 잘하는 아부형이 2위를 차지했고 뒤이어 '백치형'이나 말만
앞서는 '허세형', 협동력이 부족한 '나잘난형'과 같이 업무능력이 부족
한 후배 순이었습니다.[82]

    □무지개매너 : 무지＋개매너

(110) 혼밥·혼술은 우리시대의 문화현상이 됐다. 혼자만의 시간을 즐기는
성향이 강한 1인 가구 급증이 원인이다. 이젠 취미나 레저활동조차
혼자 즐기는 이들이 늘고 있다. 스마트 모빌리티, 스크린야구 등 1인
레저 활동들이 '얼로너(자발적으로 혼자인 소비생활을 즐기는 이들)'
족들에게 인기를 얻고 있다.[83]

    단축어나 합성어는 건전한 상식에서 이루어져 누구나 쉽게
그 뜻을 이해할 수 있는 것이어야 한다. 가능하면 언어규범에
어긋나지 않는 범위 내에서 창의력이 발휘되는 것이면 더욱
좋을 것이다. 그런데 최근에는 한국어와 외국어의 부적절한
혼합뿐만 아니라, 특정인들 사이에서 무분별하게 만들어진 합

81 http://www.sisunnews.co.kr/news/articleView.html?idxno=38199
82 http://www.yonhapnewstv.co.kr/MYH20160624001900038/?did=1825m
83 http://www.asiae.co.kr/news/view.htm?idxno=2017111819262855047

성어, 단축어들이 급증하여, 한국어사용에 혼란을 초래하고 있다. 언어는 변화하고 발전하는 것인데 자칫 잘못된 방향으로 흘러갈 여지도 적지 않은 만큼, 긍정적인 방향으로 발전해갈 수 있도록 노력해야 한다.

일부 층에서 재미삼아 쓰는 표현들은 한시적으로 사용되다 쇠퇴하므로, 이것이 사회일반에 노출되는 일은 없어야 한다. 그런데 최근에는 방송 등에서도 이를 언어의 위트나 개그의 소재인 양 무분별하게 사용하고 있어, 바람직하지 않은 언어가 사회에 보급되는 현상을 부추기고 있다. 건전하지 못한 언어는 건전하지 못한 행동을 낳는다는 사실을 다시 한번 되새겨야 할 것이다.

8. 잘못된 읽기의 증가

1) 문말을 올리는 표현 증가

최근의 젊은 층의 표현을 보면 '감사합니다↗, 어서오십시오↗, 안녕히가십시오↗'처럼 문말을 올려서 말하는 경향이 많아졌다. 원래 문말을 올리는 경우는 '까?'와 같은 의문문 등에서 나타나는 것으로, 평서문에서는 오히려 문말을 내려서 말하는 것이 보통이다. 문말을 높여 말하는 것은 부자연스럽게 들리는 경우가 많다.

그런데 최근의 젊은 층 사이에서 사용하는 여러 인사말들에는 정상적인 억양을 나타내지 못하는 경우가 많은데, 방송의 젊은 진행자들조차 같은 현상이 적지 않게 발생하고 있다.

평서문에서 문말을 올려 말하게 되면 마음이 담기지 않은 의례적 표현으로 받아들여지기 쉬워 정중도가 떨어지게 된다. 선생님이 어린이들을 맞이하거나 배웅하거나 할 때, 무언가를 교육하듯 가르치거나 보여주거나 하기 위해 가볍게 표현하는 경우는 있지만, 윗사람에게 정중히 표현해야 할 때 문말을 올려 말하는 것은 적절하다고 보기 어렵다. 개인적으로 감사의 말을 하면서 '고맙습니다↗, 감사합니다↗'라고 끝을 높여서 말하거나, 또한 누군가 귀한 손님이 방문했는데 '어서오십시오↗'처럼 문말을 높여 인사할 수는 없는 것이다.

일상에서 정중하게 말해야 하는 경우 문말을 내려서 표현함이 바람직한데, 이를 잘 이해하지 못하고 많은 경우에 문말을 올려 인사하는 젊은 층이 많아진 것도 바로잡아야할 표현의 오류라 하겠다. '고맙습니다↘, 감사합니다↘, 어서 오십시오↘, 안녕히 가십시오↘'처럼 끝을 내려 읽도록 해야 한다.

2) 잘못 끊어 읽는 표현 증가

연말연시가 되어 방송 등을 보고 있으면 새해인사를 하는데

'새해 복 많이 받으십시오'를 잘못 끊어 읽어, '새해복'을 붙여 말하는 경우가 많아졌다. '새해∨복 많이 받으십시오'는 '새해에는 건강하십시오', '새해에도 만수무강하십시오'처럼 '새해에' '복을 받으라'는 표현으로, 구성상으로 보면 '새해'와 '복을 받다'가 합쳐져 하나의 문장으로 만들어진 것이다. '새해'는 시간을 나타내는 말로 '복 많이 받으십시오'라는 문장에 시간을 한정하여 꾸며주는 기능을 하는 부사어이다. 그러니 당연히 '새해'와 '복 많이 받으십시오' 사이에 쉼표를 넣는 듯한 감각으로 읽어야 하는 것이다. '새해' 대신 '돌아오는 새해'를 넣어 표현해보면 이해가 쉬울 수도 있다. '돌아오는 새해 복'과 '많이 받으십시오'를 끊어서 표현할 수는 없을 것이다. '새해'는 '내년'이나 '늘, 언제나' 등의 시간을 나타내는 부사어처럼 문장을 수식하는 성분에 지나지 않는다. '내년에도(늘, 언제나)∨복 많이 받으십시오(건강하십시오)'처럼 되는 것이다. '늘(언제나) 복'과 '많이 받으십시오'로 끊어서 말할 수는 없을 것이다.

　최근에는 문장에서 무엇을 한 단위로 함께 읽고, 어디에서 끊어 읽어야 하는지에 대한 이해를 못하는 경우가 많다. 이 또한 학교교육에서 문장을 구성하는 성분들이 서로 어떻게 작용하고 있는지, 어떤 의미의 단어들로 구성된 것인지를 잘 이해시키지 못하여, 결국 '아버지∨가방에 들어가다(아버지가∨방에 들어가다)'와 같은 표현이 발생하고 있는 것이다.

'새해복∨많이∨받으십시오'가 아니라 '새해∨복 많이∨받으십시오'라고 읽어야 한다. 다음 절에서 기술하겠지만, '한자어+하다'로 이루어진 동사의 경우도 이를 붙여서 한 번에 읽어야 자연스러운데, '한자'와 '하다'를 부자연스럽게 끊어서 읽는 경우가 많아지고 있다. 예를 들어 '준비하셔야 합니다'의 경우 '준비하셔야∨합니다'로 말해야 하는데, 젊은 층 사이에서 '준비∨하셔야 합니다'나 '준비∨하셔야∨합니다'처럼 그 끊어 읽기를 잘못 하는 경우가 증가하고 있다.

3) 부자연스러운 억양 및 강세의 증가

문장에는 강하거나 높게 읽고 약하거나 낮게 읽어야 하는 부분이 있다. 읽기의 문제는 교육을 통해 자연스럽게 몸에 익혀지는 것인데, 최근에는 부자연스럽게 나타나는 경우를 종종 볼 수 있다. 문장에서 어느 곳을 강하게 어느 곳을 약하게 읽어야 하는지를 모르는 것은 의미전달상에서 어느 부분이 중요한지를 잘 이해하지 못하고 말하는 것과 같다. 복수의 동사로 구성되는 동사구의 경우라면 대개 본동사를 강하거나 높게 읽고 보조동사나 조동사 부분 등을 약하거나 낮게 읽는 것이 자연스러운데 이를 반대로 말하는 경우가 많아진 것이다.

'<u>먹고</u> 있습니다, <u>하고</u> 계십니다, <u>해</u> 주십니다'의 경우, '먹고,

하고, 해'에 강세를 두어 정확하게 읽은 후, '있습니다, 계십니다, 주십니다'는 이보다 낮게 그리고 강하지 않게 말해야 하는데, 종종 보조적 표현에 강세를 두어 높거나 강한 듯이 말하는 젊은 층이 증가하고 있다.

앞 절에서 언급했지만, '명사(한자어)+하다'로 구성된 한어동사와 같이 한 번에 자연스럽게 말해야 하는 단어들을 '명사'와 문법형식인 '하다'로 끊으며, 실질적 의미를 나타내는 '명사' 부분을 강하게 읽지 않고 오히려 실질적 의미가 없는 '하다'를 높거나 강하게 읽어, 어색한 억양으로 전달되어 오기도 한다.

예를 들어 '주의(조심)하셔야 합니다'의 경우, '주의(조심)하셔야'를 붙여서 읽은 후 '합니다'를 이어서 읽어야 하는데, '주의(조심)'와 '하셔야 합니다'처럼 잘못 끊어 읽거나, '주의'를 낮고 약하게 하면서 '하셔야 합니다'의 '하'의 부분을 높거나 강하게 읽기도 하여 부자연스럽게 들리는 경우가 많다.

띄어쓰기나 억양 등의 부자연스러움은 외국인들에게는 종종 나타나는 현상으로 모국어를 쓰는 사람들에게는 잘 나타나지 않는 것인데, 언제 누구에게 어떻게 배운 것인지 이해하기 힘든 부분이다. 방언이 지역민들에게 자연스럽게 습득되는 것처럼, 리듬으로 익히게 되는 언어의 이런 부분은 모르는 사이에 확산되는 것이기 때문에 깊은 주의가 요구된다.

제2장

한국어 습득환경의 문제와 개선방향

1. 바른 언어사용모델 제시

언어란 인간의 관계를 맺어주는 소통의 도구이다. 바른 언어를 사용하면 대화에 불필요한 마찰이나 다툼을 줄일 수 있어 원만한 사회를 만들 수 있다. 바른 언어를 사용할 수 있도록 하는 교육이 매우 중요한 이유이다.

언어의 습득은 가정과 사회, 학교의 영향을 받는다. 세 살 버릇이 여든 간다는 말처럼 언어도 습득초기의 환경이 중요한 것으로, 바른 언어습관은 가정과 사회의 바람직한 언어 환경과 학교의 제대로 된 교육이 결정한다.

어려서부터 보고 배우는 언어는 부모의 가정교육을 시작으로 매스컴 등의 주변 환경에 의한 영향을 받으면서, 취학 후에는 공교육에 의해 형성되어 가는 것인데, 취학 전에 보고 배운 언어가 학교교육을 통해 교양인으로서 갖춰야 할 언어로 완성되어 간다고 할 수 있다. 따라서 학교는 바른 교육을 통해 교양인으로서 지녀야 할 지식과 상식을 습득하게 하고 그 지식과 상식을 언어로 바르게 설명하거나 전달할 수 있도록 교육해야 하며, 이를 담당하는 교사는 자신들이 사용하는 언어가 학생들의 교양 있는 언어습득에 직접적인 영향을 미친다는 인식을 갖고 교육에 임해야 한다. 교사의 언어는 학생들이 사회에 진출하여 사용하게 되는 표본으로 작용할 수 있는 것이기에, 보고 배워도 문제가 되지 않는 규범적인 것이어야 한다.

언어는 다양한 지식과 교양을 갖추어야만이 제대로 구사할 수 있어, 잘못된 언어 환경이 제공되면 학생들의 언어는 균형을 잡지 못하고 한쪽으로 치우치게 되고 만다. 최근 가정과 방송매체, 나아가 학교마저 제 역할을 해내지 못하고 있는 탓에 많은 사람들이 언어사용에 적지 않은 문제를 낳고 있다.

이런 문제를 해결하기 위해서는 가정과 방송매체 그리고 학교가 언어습득을 위한 바른 역할을 수행해야 한다.

1) 가정

가정은 언어와 행동을 배우는 가장 중요한 곳이다. 언어와 행동이 바로 인성이라 할 수 있는데, 현대사회는 부모가 자녀들의 교육에 큰 관심을 가지고 있으면서도 자녀들의 언어와 행동을 결정하는 인성교육에는 무관심하다. 언어와 행동은 동반되어 나타나는 것이기에 바람직한 행동을 위해서는 바른 언어를 사용하도록 해야 하는데, 성적만 올리면 나머지는 아무래도 상관없다는 식의 부모의 태도가 자녀들의 인성교육에 부정적인 영향을 끼치고 있다.

부모는 자녀에게 언어와 행동에 대한 기준을 제시해야 한다. 부모는 자녀들의 언행이 사회의 기준에 어긋나지 않도록 가르쳐야만이, 아이들이 자라면서 언행에 대한 선과 악의 기준을 가지게 된다. 그저 아이들 하고 싶은 대로 하게 해서는 좋은 습관을 갖게 할 수 없다. 자녀를 아낀다고 뭐든지 괜찮다고 하는 것은 금물이다.

부모는 자녀의 잘못을 지적해야 한다. 그래야만이 자식들도 학교나 사회에서 받을 수 있는 지적에 순응할 수 있게 된다. 부모도 잘못되었다고 했으니 교사나 주변 어른들의 나무람과 타이름을 당연하다 생각할 수 있는 것이다. 따라서 부모는 학교 교사와 학생 간에 발생할 수 있는 각종 사안에 대해서도 매사 자식의 편을 들기보다, 다수를 가르쳐야 하는 교사의 입장에 서서 자식에게 훈육이 될 수 있는 자세를 취해야 한다.

좋은 습관은 오랜 경험과 반복된 훈련으로 갖춰지는 것임을 생각할 때 자녀에 대한 부모의 교육은 바르고 지속적인 것이어야 한다. 어떤 경우에도 과한 언행을 하지 않도록 하기 위해 자기의견을 말해야 할 때에는 타인에게 상처가 되지 않도록 해야 한다는 자세를 가르쳐야 한다. 상대를 의식하지 않고 자기의견을 말하도록 가르쳐서는 안 된다. 언어와 행동을 자신이 하고 싶은 대로 해서는, 사회에서 타인과의 마찰을 불러일으켜 원만한 대인관계를 형성할 수 없게 된다. 타인에게 폐가 되지 않는 행동을 하도록 하기 위해, 참고 견뎌내며 삼가고 절제하는 품성을 길러주는 교육이 필요하다. 어려서 좋은 습관을 들이지 않으면 성장하여 절대 환영받는 사람이 되지 못한다는 인식을 갖고 자녀교육에 사랑의 회초리를 드는 자세로 임해야 한다.

2) 방송매체

국민들의 일상적인 언어와 행동에 방송의 영향은 매우 크다. 방송에서 보여주는 언어와 행동은 시청자들에게 정상적인 것으로 전달될 수 있어 부정적인 것조차 괜찮은 것으로 잘못된 신호를 줄 수 있다. 최근의 방송은 드라마나 오락위주의 프로그램이 많아 그 중에는 비정상을 정상화하기도 불건전한 유행을 만들기도 한다. 또한 뉴스나 시사보도조차 모방범죄를 일으키게 할 정도의 무분별한 경우가 많아, 방송이 시청자들에게 좋지 않은 영향을 미치는 매체로 작용하고 있다. 지금의 방송은 드라마의 대사내용에도 일탈이 많고, 예능오락뿐 아니라 시사정보, 스포츠중계에서조차 진행자인 아나운서나 출연자들의 정중하지 못하거나 부적절한 언어사용 탓에 국민들에게 잘못된 언어생활을 조장하거나 공고히 할 우려가 매우 높은 상황이다.

방송은 국민의 의식수준을 한층 끌어올리게 할 수 있는 중요한 매체인데, 한국의 방송은 점점 더 품위를 잃고 오히려 국민의 의식수준을 끌어내리는 데 일조하고 있다. 사회의 많은 분야에서 공정하고 바람직한 사회건설을 내세우며 구조조정이나 개혁을 하고 있는데, 한국의 방송은 구태의연하거나 점점 더 자극적이고 폭력적이며 파괴적으로까지 흐르고 있어 심각한 문제를 드러내고 있다.

우리 모두 즐겁게 살아야 하는 것이지만, 대부분의 시간은 건전한 일에 할애해야 하는 것으로 그저 즐기기만 하는 일에 많은 시간을 할애하는 것은 아니다. 방송이 건전하지도 못한 연예오락을 매일처럼 내보내야 한다는 발상은 바람직하지 못하다. 지금처럼 방송에서 즐겨야 할 것은 있어도 얻어야 할 것이 없는 것이라면 방송은 공적영역에서 완전한 사적영역으로 탈바꿈함이 옳을 것이다.

정보제공에 웃음을 곁들일 필요는 없다. 국민에게 웃음을 선사하는 것이 방송의 주된 역할로 오인이라도 한 듯, 정도를 지킴으로써 신뢰를 주어야 할 진행자들이 정중한 언어를 제대로 사용하지 않고 즐거움을 선사하기 위해 행동하는 연예인이 된 양 가볍게 장난이라도 하듯 방송진행을 하는 경우가 늘고 있다. 특히 아나운서 등의 방송진행자는 항상 정중체의 표준어를 사용하여 바른 언어체계를 유지하려 노력해야 하는 것으로, 유머나 위트 또는 사전에 없는 유행어나 줄임말 등은 사용해서는 안 된다.

일상에서 거친 표현의 막말이 난무하고 있으니 아나운서나 기자 등의 방송인은 파급력이 있는 만큼 언행에 주의하며 보수적 관점을 유지해야 한다. 정중한 표현으로도 얼마든지 밝고 유쾌한 방송진행을 할 수 있다. 이미 방송은 교육수준이 높은 많은 국민들을 상대하는 것으로, 방송진행자들의 친구나 아랫사람들이 보는 것이 아님을 명심해야 한다. 세금이든 광고든 비용이 많이 들어가는 방송이 점점 국민들에게 의미 없는 매체로 변질되어, 이렇게 가다보면 방송의 공적 역할은 소멸되는 것일지도 모른다.

이제는 그냥 웃고 떠들며 장난치듯 하는 자들의 프로그램이 더 이상 의미를 갖지 못함을 깨달아야 한다. 방송연예인들의 일상사들이 시청자들이 공유할 만한 유익한 것들일 수는 없다. 방송프로그램의 비율을 조정하여 건전하면서도 국민의 의식수준을 높일 수 있는 프로그램을 더 많이 편성해야 한다. 사회는 바쁘게 시시각각으로 변화를 강요받고 있는데 방송 프로그램만이 몇 십 년 전이나 지금이나 똑같다. 아니 오히려 선정적이고 퇴폐적이며 폭력적으로 흐르면서 국민들에게 경박함이나 악을 무감각하게 만들고 있어, 유익한 매체와는 거리가 멀어지고 있다. 공영방송의 프로그램조차 국민을 거친 언어의 거친 사회, 의미 없는 인기영합의 세속적인 세계를 지향하고 있어, 방송의 가치를 재고하게 만들고 있다.

최근의 방송출연자들은 정중함은 결여되고 그저 재미만을 추구하듯 하여 정중하고 교양 있는 말로는 시청자에게 다가갈 수 없다는 것인지, 남들이 좀처럼 쓰지 않는 일탈된 언어와 행동으로 시청자들을 끌어들이려 하고 있다. 방송출연자들의 인기를 모아보겠다는 행위가 정상에서 벗어날 경우, 시청자들도 그들처럼 품격이 떨어지는 행동을 자연스러운 것으로 받아들일 가능성이 매우 높아지게 된다.

국민들과 일상을 함께하고 있는 방송은 국민의 언어와 행동에 많은 영향을 미치는 것이기에, 어떤 기준으로 내보낼까에 대해 지금과는 다른 자세를 취해야 할 것이다. 특히 청소년 등 일부 시청자들에게는 방송매체에서 전해지는 것들이 사회의 표준이거나 정상적인 것으로 받아들여질 여지가 많음을 잊어서는 안 된다.

자극적이고 선정적이거나 비교육적인 언어가 난무하는 예

능오락프로그램을 즐기고자 하는 사람들이 있다면, 이런 것은 많은 국민이 일상으로 보고 있는 방송이 아니라, 원하는 자들만이 선택적으로 즐길 수 있는 유료방송이나 극장 등의 다른 매체에서 이루어지도록 해야 할 것이다. 올바른 개혁의 방향인 양 하며 미풍양속이나 규범을 파괴하는 많은 드라마도 방송이 아니라 다른 방식을 통해 보고자 하는 사람들만이 즐길 수 있도록 하면 된다.

우리는 암묵리에 방송이 공적 기능을 담당하는 것으로 생각하고 있어, 방송에서 보여주는 언어와 행동은 그 어떤 것이든 긍정의 틀을 깨는 것이어서는 안 된다. 방송이 국민을 상대로 장사를 하는 것일지언정 공기로서의 금도를 지켜야 한다. 바른 것으로 승부할 수 없다고 생각한다면 방송은 모두 사적영역으로 들어가는 것이 타당할 것이다.

부패한 사회에서는 부패가 일상이듯이 지금의 바람직하지 못한 방송내용도 어느덧 평범한 일상이 되어가고 있어 그 문제가 심각한 수준이다. 지금과 같은 다양한 시대에 재미있고 유익한 콘텐츠를 찾아내는 것은 얼마든지 가능한 일일 텐데, 사회의 변화와 개혁을 부르짖는 것과는 정반대로 한국을 혼돈의 사회로 밀어 넣듯 하고 있어, 방송이 건전하고 성숙한 사회 건설을 가로막고 있는 요인으로 작용하고 있다는 비판마저 나오고 있어 개선이 요구된다.

3) 학교

학교는 교육을 통해 부족한 사람을 채워주고, 잘못된 사람을 바르게 고쳐주며, 사회에 적응하며 경쟁해 갈 수 있는 인간을 키워내는 곳으로, 언어습득에 있어서도 그 역할이 가장 중요한 곳이다. 학교는 가정이나 사회에서 습득한 요소들을 여과시키며 정도를 익혀가는 곳으로, 바르고, 교양 있고, 학식 있는 언어도 학교교육을 통해 완성된다고 할 수 있다. 가정에서 배운 언어가 잘못되었어도, 사회에서 배운 언어가 적절치 못해도 학교교육을 통해 제자리를 찾을 수 있어야 한다. 따라서 학교는 인위적이며 지속적인 교육을 통해 가정과 사회에서 습득한 언어를 규범적인 언어로 바꿔줘야 한다. 모든 사람들이 학교를 통해 자신들이 가지고 있는 언어를 사회일반의 표준적인 것으로 만들어야 하기 때문에 학교는 언어와 행동의 모범답안을 제시하는 곳이어야 한다.

인간은 사회적 동물로 많은 사람들과의 교류 속에서 살아가야 한다. 학교는 이런 사회생활에 적응할 수 있도록 학생들에게 대인관계에 필요한 언어를 습득하게 하여 언어의 사회성을 길러줌으로써, 사회 일원으로서의 교양과 지식이 갖춰진 언어를 구사하게 하고, 타인에게 폐가 되지 않는 행동을 하도록 해야 한다. 배려하는 언어와 행동이 주는 아름다움과 그 사회적 기능을 일깨워주는 역할을 수행해내야 하는 곳이 학교이다. 따라서 학교는 미성숙한 학생들의 일탈하기 쉬운 언어와 행동을 면밀히 분석하여, 이를 바로잡을 수 있는 대책마련과 함께 책임감 있는 지도에 임해야 한다.

이를 위해 학교는 먼저 교육목표를 바르게 설정하고, 이를 실현하기 위한 방안을 마련하여 흔들림 없이 밀고 나가야 한다. 학교는 인성이 훌륭하며 사회생활에 필요한 보통의 지식과 상식을 겸비한 인재육성을 교육목표로 설정하고, 이를 실현하기 위한 제반환경을 구비해야 한다. 능력이 뛰어나고 경쟁력 있는 학생을 키워내는 것도 교육목표 속에 잘 담아내야 한다.

현대사회에서 교육의 가장 큰 문제점으로 지적받는 사항은 인성교육의 부재이다. 인성교육을 위해서는 현재 학생들의 인성을 정확히 진단하여 어떤 교육이 필요한지를 알아내는 것이 중요하다. 학생들의 잘못된 부분을 고치기 위해 학교에서 어떤 교육을 해야 하는지, 그런 교육을 함에 있어서 지금까지의 문제점이 무엇인지, 그 문제점을 해결하기 위해 교육당국이 바로잡아야 할 것들이 무엇인지를 제대로 파악하고 제시해야, 문제 있는 학교교육에 대한 문제 있는 사회분위기를 바꾸어, 바른 교육환경을 만들어 낼 수 있는 것이다.

학교교육은 학생 개개인을 중시해야 하지만 개인의 사익이

다수인 공익에 우선할 수는 없다. 공교육인 학교교육은 개인 보다는 다수의 선을 목표로 해야 하는 것인 만큼, 어떠한 개인 도 살리려 노력해야 하지만 한 개인을 살리려다 다수를 포기 하는 것이 되어서는 안 된다. 최근의 학교는 소수의 개인 탓에 전체를 망가트리는 교육을 강요받고 있다. 도려내면 나을 상 처를 방치하여 위험을 초래해서는 안 되듯이, 교육은 다수를 살리기 위해 소수의 배제가 불가피하다면 기꺼이 감수해야만 한다. 학교는 대다수의 학생들이 사회에서 바른 인간으로 살 수 있도록 가르쳐야 하며, 이를 거부하거나 무시하는 소수 때 문에 다수를 포기하는 것이어서는 안 된다. 그런 환경이 조성 되어야 소수의 일탈자에게도 깨달음을 주어 다수의 선의 대열 에 동참할 기회를 부여할 수 있을 것이다.

학생전체의 권익향상을 위한 인권, 자율권이 개인의 일탈을 보호하는 것이어서는 곤란하다. 일탈된 개인을 제자리에 돌려 놓는 노력은 최대한으로 기울여야 하겠지만, 지금처럼 대책도 없이 한 개인의 권익보호를 내세워 전체를 흐트러지게 해서는 공교육은 공멸할 수도 있다. 공교육의 목적은 학생 다수가 경 쟁력을 갖춘 바른 인간이 되도록 하기 위함인데 한사람을 고 려하다 다수를 망가트리는 것이 되어서는 교육은 껍질만 남는 형식이 되어 버린다.

바른 다수가 있으면 잘못된 소수를 제어할 수 있지만, 다수가 잘못되면 바른 소수도 보호받지 못하고, 결국 전체가 경쟁력을 잃고 만다. 교육은 불완전하고 미성숙한 미성년을 성숙한 성년으로 만들어내기 위해 일정한 기간을 설정해두고 행하는 것이기에, 학생들의 올바른 성장을 보장하는 것이라면 그 교육방법은 사명감을 갖고 과감하게 행해야 한다. 다수를 위해 소수의 희생을 감수해야 한다는 사회일반의 논리를, 학교는 다수 학생들의 바른 인격형성을 위해 과감하게 적용할 수 있도록 새롭게 탈바꿈할 필요가 있을 것이다.

따라서 학생들에게 어떤 교육을 할 것인가 하는 방침을 확립하고, 그 운영에 대한 법적인 보호를 바탕으로 다수의 학생들에게 필요한 교육환경을 만들어야 할 것이다.

교사의 교육적 훈육에 저항하는 학생이나 학부모가 두렵다고 교사의 책임을 다해내지 못하는 교육환경이라면, 교사는 단순한 지식의 전달자로 전락하여, 바른 인간을 키워내야 하는 학교의 기능은 상실하게 될 것이다. 정당한 학교의 교육행위는 법으로 철저히 보장하고 이를 거부하거나 부정하는 그 어떠한 행위도 엄격히 차단해야 한다.

그렇다면 교사가 사명감을 발휘할 수 있는 교육현장이 되도록 사회가 학교를 뒷받침해야 할 텐데, 이를 위해서는 학교에 능력 있고 사려분별이 뛰어나 청소년들을 잘 키워낼 수 있는 교사를 배치하는 것이 무엇보다도 중요한 선결조건이다. 교양과 지식은 물론 책임감과 통솔력이 있고, 학생들의 잘못된 일탈을 막아내는 소명의식이 있는 교사가 필요하다. 능력이나 소양면에서 인간을 키우는 데 적합한 교사이어야만이, 학교가 단순한 직장이 아니라 국가에 필요한 바른 인재를 육성해내는 곳임을 인식하고, 정의를 몸소 실현할 수 있게 될 것이다.

가정과 사회의 무관심 탓에 일상화되어가는 나쁜 언어습관도 학교교육만이 바로잡을 수 있다. 학교가 청소년들에 만연해 있는 욕설이나 은어, 속어, 유행어 등의 무분별한 사용을 통제할 수 있어야만이 청소년들이 언어사용에 대한 분별력을 갖추어 사회에 진출해서도 올바른 언어와 행동을 보일 수 있게 될 것이다.

2. 바른 언어교육 실시

언어는 한 개인의 인격과 수준을 결정짓는 바로미터로, 누구도 바른 언어교육 없이 건전한 인간으로 성장하기는 어렵다. 우리가 일상에서 이성을 잃고 타인을 자극하는 언행을 보이지 않도록 하는 인성교육을 게을리 한다면, 곳곳에서 많은 사람들이 분노조절장애를 일으켜 위험한 사회를 초래할 수도 있다. 정중한 언어를 구사할 수 있도록 하는 교육이야말로 바른 사회를 지향하는 초석이 되는 것이다.

어린이가 사용하는 언어, 초등학생이 사용하는 언어, 여성이 쓰는 언어, 남성이 쓰는 언어가 존재한다. 윗사람이나 아랫사람에게 말할 때, 편하거나 격식을 차려 말할 때, 듣는 사람을 고려하여 정중하게 말할 때의 언어가 상황에 맞게 잘 사용되어야 한다. 우리가 각자의 위치에서 바른 언어를 구사하면 학습자는 자연스럽게 상황에 맞는 언어를 습득하게 될 것이다. 특히 학생들에게 영향을 미치는 교사의 언어는 매우 중요하여, 남녀 교사들이 상황에 맞는 언어를 평소의 교육언어로 올바르게 사용해야 한다. 교실에서는 사회일반에 통용되는 정중한 언어를 구사해야 하며, 편한 언어는 가능한 한 교실을 떠나 사적인 경우에 한해 사용하는 것이 바람직하다. 교사들은 공사구별을 하는 언어교육을 지향해야만이 학생들이 바르게 보고 배우는 것이다.

언어는 다양한 사회의 경험을 담고 있는 것으로 단순히 사전적 의미만을 나타내는 것이 아니다. 최근에는 언어가 나타내고 있는 참뜻을 이해하지 못하여 의사소통에 지장을 초래하고 불필요한 오해마저 야기하고 있어, 언어가 내포한 다양한 뜻을 이해할 수 있도록 하는 교육이 절실하다. 언어가 함의, 함축하고 있는 내용을 잘 알 수 있어야만이 교양인으로서의 원만한 의사소통을 이뤄낼 수 있다.

바르고 정중한 언어가 가져다주는 인간적 신뢰는 매우 큰 것인데, 그런 면에서 경어는 언어예절을 지키는 최소한의 도구로, 경어를 사용하면 대화로 인한 무례는 범하지 않게 되어, 상대를 불쾌하게 하는 일은 줄어든다.

방송은 시청자인 일반대중을 상대로 하고 있는 만큼 정중한 언어를 사용해야 하는데, 작금의 방송은 그저 가볍게 웃고 즐기거나, 서로 편하게 주고받는 표현이 많은데다가, 시청자들에게 아주 가벼운 문체로 전하는 경우가 많아, 불쾌감을 주며 국민의 언어수준을 끌어내리는 역할을 하고 있어 그 개선이 시급한 상황이다

방송에서는 가능하면 격식체의 공손한 표현을 사용해야 하는데, '습니다'체 대신에 '요'체를 남발한다든지, '하십시오'가 아니라 '하세요'나 '하시죠', '할게요'처럼 사적인 상황에서나 사용해야 할 가벼운 경어표현을 아무렇지 않게 사용하고 있어, 진행자로서의 자질을 의심하게 하는 경우가 많다. 자신들이 사용하는 문체가 적절한지에 대한 이해가 없는 듯 보이기 때문이다. 방송이 보고 배우는 시청자들에게 바르지 못한 언어지식을 제공함으로써, 많은 사람들이 잘못된 언어를 문제없는 것으로 받아들이게 되는 바람직하지 못한 상황이 연출되고 있다.

너무 가벼운 말들이 넘쳐나다 보니 정중한 표현을 익히지 못하여, 정작 정중한 표현을 사용해야 하는 상황에서도 아주

기쁜 표현밖에 사용하지 못하는 젊은이들이 급증하고 있다. 언어에서 악화가 양화를 구축하고 있는 상황이라 하겠다. '습니다'체를 제대로 사용하는 대학생조차 별로 없고, 가르쳐도 익숙해지는 데 시간이 걸리는 상황이다. 잘못된 공교육의 영향이다. 그런데 그런 교육을 받은 탓인지 방송진행자들조차 제대로 된 경어를 사용하지 못함으로써, 비정상적인 표현이 정상적인 표현처럼 자리 잡는 경우가 많아지고, 평범한 정중체의 표현마저 너무 딱딱하다거나 격식을 차리는 표현처럼 인식하게 하는 이해하기 힘든 경우가 발생하고 있다.

방송의 드라마 역시 커다란 문제로 드라마의 대화에 작가의 의도가 있을 수 있다지만, 막돼먹은 막말이나 정상에서 벗어난 터무니없는 설정의 언어사용은 상식을 벗어나는 경우가 많다. 일부 드라마에서는 마치 우리 가정이 매일 다투듯이 거친 양, 자식이 부모에게 함부로 말하거나, 학교에서는 일탈된 학생들의 아주 상스러운 언어사용을 아무렇지 않게 보여주거나, 후진국 시절에서나 볼 수 있었던 좋지 않은 장면연출과 타인에게 마구 욕설을 퍼붓거나 하는 상황 등을 너무 일반화하고 있어, 이를 접하는 사람들에게 그런 언어사용이 일반적인 것인 양 인식시켜, 누구나 그런 상황이 되면 늘 드라마에서 보고 배운 것이니 그와 같이 쉽게 말할 수 있게 되는 것이다.

분노조절장애를 일으키듯 욕설을 마구 퍼붓는 장면은 공중

파 등의 국민들이 흔히 접하게 되는 방송매체에서는 나오지 않는 것이 바람직하다. 너무 자주 접하다보면 있을 수 없는 일도 있을 수 있는 아주 자연스러운 일상사가 되고 만다. 모방범 죄라는 말이 있듯이 일부 망가져가는 언어표현이 있다 해도 이를 일반화해서는 많은 사람들이 망가진 표현을 아무렇지 않게 쓰게 될 것이다. 영향력이 크다 할 수 있는 방송에서는 모든 영역에서 바람직하지 않은 언어표현을 마치 보급이라도 하듯 일반화하여 내보내지 말고, 가능하면 교육적 관점을 지향하여 허용범위를 벗어나는 언어사용은 삼가야 한다.

최근의 방송은 젊은 남녀 진행자들이 담당하는 경우가 많아졌다. 특히 젊은 여성 진행자들의 방송이 전성시대를 맞이하고 있는 모양새이다. 젊고 참신한 진행자들이 나온 만큼 미래를 짊어지고 나갈 건강한 모습을 국민 모두가 기대하고 있을 것이다. 격변하는 시대에 사회의 발전을 담당해낼 젊은이들의 새로운 모습이 필요하다는 의견에 동의하며, 젊고 반듯하며 패기에 찬 진행자들의 등장에 환호했을지도 모른다.

그런데 새 시대의 건강한 발전이라는 기대와는 달리 젊은 진행자들에게서 볼 수 있는 것은 신중하지 못하고 정제되지 않은 모습들이다. 각종 사회현상에 대한 이해력과 분별력이 부족하고 균형 감각도 떨어져, 방송이 국민을 상대로 하는 매우 신중하게 접근해야 할 일임을 이해하지 못하는 것으로 보여, 내용이 부실한 그저 모양만 뽐내는 방송이 되어가고 있다는 지적이다. 그런 까닭에 방송에 비격식체의 구어적 표현이라는 사적영역의 표현이 난무하고, 내용 전달에 있어서도 오랜 경륜에서 우러나오는 깊은 표현들이 사라지고, 주어진 글을 보고 읽는 듯한 의례적 표현이 주류를 이루면서, 방송이 국민들에게 수준 높은 정보제공이나 언어사용의 규범을 제시하지 못하고 있다. 언어사용에 대한 이해도 부족한데 정중한 언어사용이 몸에 배어 있지 않을 뿐만 아니라, 사건에 대한 지식이나 경험 부족으로 인해, 매사 단순한 지식과 정보를 전달하거나 가볍고 편하게 웃음으로 버무려내는 듯한 방송이 연출되고 있다. 결국 방송이 가볍고 정제되지 않은 언어로 이루어지는 경우가 많고, 기존의 방송진행자들에게서 느낄 수 있었던 정보전달의 신뢰나 안정성 등은 전혀 기대할 수 없는 상황이다.

사적영역에서 사용하는 언어가 방송의 일상이 되어가고 있는데, 젊은 진행자들은 그것을 깨닫지 못하고 있고 모니터링도 작동되고 있지 않은 듯 아무런 개선이 되지 않고 있다는 점에서 방송언어의 개선은 기대하기 어려워 보인다.

젊은 진행자들은 그들이 배워온 대로 말하고 행동하는 것일 텐데, 결국 가정교육이 후퇴하고 붕괴된 공교육 아래에서 자라난 젊은이들의 언어와 행동양식이 방송진행자들에게서도 그대로 드러나는 상황이라 할 수 있을 것 같다. 변화된 사회와 교육

환경 하에서 성장하며 바르고 정중한 언어와 행동을 몸에 익히지 못한 젊은이들이 많다는 사실을 인식한다면, 젊은 진행자들에게 바르고 품위 있는 언어구사가 이루어지도록 하는 과정이 필요한 것인데, 결국 공기로서의 방송진행에 적합한 언어구사가 가능한 인재를 만들어내기 위한 훈련과정을 생략한 탓에 방송진행자들의 표현에 많은 문제점이 나타나고 있는 것이다.

젊은이들의 참신함과 패기 등이 방송에서 강점으로 발휘되기 위해서는 표현의 내용이나 방법에 안정성이 담보되어야 하는데, 방송이 제대로 준비되지 않은 자들을 그대로 내세우고 있어, 국격을 지켜내야 하는 공기로서의 역할을 다하지 못하면서, 방송진행자들이 점점 단순 정보제공자로 전락하고 있다는 지적을 낳고 있다. 젊은 남녀 진행자 모두 능력이 갖추어질 때까지 충분히 훈련을 쌓은 후 시청자와 마주할 수 있도록 해야 한다. 젊은이가 필요하다 하여 준비되지 않은 자로써 승부를 벌여서는 지금처럼 일을 성공적으로 수행해내지 못해 방송의 신뢰는 점점 더 추락하고 말 것이다. 개인의 언어습관이 고쳐지는 데에는 시간이 필요한 것이다.

그런 의미에서 아직 많은 연령층의 다양한 언어를 경험하지 못한 젊은 방송진행자들이나 연예인들보다는, 상황에 맞는 언어를 구사할 수 있는 중진의 방송인들이 전면에 나서서 방송언어의 진면목을 보여줘야 할 것이다. 경험이 미숙하여 그저 기계같이 읽어 내려가듯 보이는 젊은 진행자보다는 풍부한 경험에서 우러나와 상황에 맞는 언어로 생생하게 전달할 수 있는 경륜 있는 방송인들의 안심할 수 있는 방송이 절실한 상황이다. 설령 작가의 부적절한 표현이, 읽어야 할 원고에 있다 해도 이를 상황에 맞게 바르게 고쳐 표현할 수 있는 경륜 있는 방송인이 있어야만이 방송언어가 신뢰를 얻어 사회에 좋은 영향을 가져다줄 것이다.

언어는 변하는 것이지만 작금의 언어는 교양과 품위를 떨어 뜨리는 가볍고 단순한 의미전달의 도구로 변하고 있어, 인간의 의식수준을 대변하는 언어의 진정한 가치가 하락하고 있다. 가정과 학교, 매스컴에서 제대로 된 언어만 사용해도, 자라나는 학생들의 언어는 매우 좋아질 수 있음을 생각할 때, 부모와 교사, 방송인들의 언어사용에는 주의에 주의를 기울여야 할 것이다. 가정에서 잘못배운 언어라 하더라도 학교가 이를 바로잡아주고, 방송 등의 매스컴이 일상에서 바람직한 언어 환경을 제공하게 되면, 국민들은 바른 언어를 일상으로 사용하게 될 것이다.

3. 인성함양 교육

언어는 개인의 내면을 드러내주는 것으로 사람의 됨됨이를 판단하는 기준이 된다. 따라서 언어교육은 바른 인간을 만들어내는 기본요소라 하겠다. 거친 사회가 거친 언어를 매개로 발생하는 것이기에 바른 언어를 습득하게 하는 교육이야말로 바른 사회를 만들어내는 교육의 출발점이다.

한 인간이 사용하는 언어는 성장하면서 많은 변화를 겪는다. 유아기의 언어에서 청소년기를 거치면서 평생언어의 기틀이 마련되는 것인데, '세 살 버릇 여든 간다'거나 '잘될 성싶은 아이는 떡잎부터 알아본다'라는 선조들의 인간교육에 대한 오랜 성찰에서 깨우칠 수 있듯이, 어려서부터 바른 언어를 사용하도록 하는 교육은 인간 개인의 평생의 언어를 좌우하게 된다.

바른 언어를 사용하는 것은 바른 품성이 전제 되는 것이기에 우리는 교육의 기본인 인격도야를 위해 언어교육에 힘써야 한다. 욕설을 하거나 폭력적이거나 하지 않도록 하기 위해서도 어려서부터 건전한 대인관계에 필요한 언어예절을 교육해야 한다. 교육을 통해 개인을 바른 언어와 행동으로 교양과 상식이 갖춰진 인격체로 키워내야 성숙한 사회를 만들고 지탱해낼 수 있다.

모든 사람이 바라는 성숙한 민주주의 사회가 눈앞에 잡힐 듯 와 있다. 하지만 민주주의 사회는 교양과 상식을 갖춘 사회 구성원 개개인의 질서의식과 절제된 행동 없이 이룰 수 없다. 많은 사람들이 자신의 생각대로 행동하는 것이 아니라 법과

원칙에 따라 절제된 행동을 해야 한다. 타인에게 상처가 됨을 알면서도 그에 개의치 않고 언행을 하는 사회, 마음에 들지 않거나 요구가 받아들여지지 않으면 자제력을 잃고 바로 폭력적인 언행을 보이는 사회는 민주주의 사회라고 할 수 없다. 절제된 행동을 낳게 하는 교육 없이 민주주의 사회를 구현할 수 없다. 국민의 의식수준을 높여 타인을 배려하는 언어와 행동이 사회의 보편적인 모습이 되도록 하기 위하여, 인간의 품성을 바르게 만드는 교육은 엄격하게 이루어져야 하는 것이다.

타인에게 폐가 되는 행동은 절대 해서는 안 된다는 교육을 해야 한다. 그러기 위해서는 무엇이 폐가 되는 행동인지를 좀 더 세심하게 규정할 필요가 있다. 자의적으로 판단하여 이 정도는 괜찮겠지 하는 한국인들의 언어와 행동이 타인을 불편하게 만드는 경우는 매우 많다. 따라서 국가는 늘 국민들에게 제대로 된 질서의식과 준법정신을 심어주기 위한 노력을 기울여야 한다. 국민의 편의를 고려한다 하여 불법을 눈감아주고 때로는 편법을 동원하는 등 법이 고무줄처럼 상황에 따라 다르게 적용되어서는 준법정신을 높일 수는 없다. 만인에게 항시적으로 이루어지는 공평한 법집행이야말로 국민의 의식수준을 높여 개인적 편의를 주장하지 않게 하는 건전한 사회를 만들 수 있다.

우리는 가끔 주인의식을 내세우며 조직 내에서의 행동을 개인 마음대로 하는 경우가 있다. 주인의식이란 구성원으로서의 책임감을 말하는 것으로, 오너와 같은 소유주의 의식이 아니다. 내가 국가의 주인인데, 회사의 주인인데, 학교의 주인인데 하면서, 주인인 내가 마음대로 못할 일이 뭐가 있느냐는 듯이 행동하려는 것은 주인의식을 잘못 이해한 것이다. 구성체가 정상적인 기능을 발휘할 수 있도록 구성원으로서의 책무를 다 할 때 주인의식이 구현되는 것이다. 국민은 국가가, 회사원은 회사가, 학생은 학교가 제 역할을 할 수 있도록 구성원으로서의 맡은 바 책임을 다하는 것이 주인의식이다. 민주주의사회는 구성원들의 책임감으로 지탱된다. 구성원으로서의 책임감을 다할 수 있는 인간을 만들어내는 것이 교육의 소명이며, 그 결과는 일상생활에서 보여주는 우리들의 언어와 행동이기도 하다.

어린이는 어린이, 어른은 어른, 남성은 남성, 여성은 여성의 표현들이 있다. 이런 다양한 표현들은 언어주체를 사용주체가 누구인지를 알게 하여 서로를 인정하게 하는 근거가 된다. 어린이다워야, 어른다워야 한다는 것도 언어와 행동에서 나타나는 것인 만큼, 우리는 각자의 위치에 맞는 모습으로 사회생활을 영위하는 것이 바람직하다. 각자에 어울리는 언어사용은 사회 구성원으로서의 가치를 실현하고 서로를 배려하게 하는 행위로 작용한다.

뿐만 아니라 언어는 개인이 사적으로 사용하는 경우 외에 공적이거나 기타 정중하게 사용해야 하는 경우가 있는 법이니, 늘 상황에 맞게 사용할 줄 알아야 한다. 특히 사회생활을 하는 경우에는 사회인으로서 요구받는 적절한 언어사용을 해야 한다. 때와 장소에 맞게 올바르게 구사해야 하는 개인의 언어는 많은 지식과 경험이 필요한 것이다.

인간은 단순한 의사전달만을 위해 언어를 사용하고 있는 것이 아니다. 언어표현은 인간에게 감동을 주는 직접적인 수단이 되는 것으로, 인문학의 가치도 언어를 통해 실현할 수 있다. 품격 있는 언어는 인간의 감정을 움직여 호의적이며 긍정적인 이미지를 전달할 수 있지만, 그저 편하게 웃고 떠들며 표출하는 장난기서린 언어는 결국 인간의 품격을 떨어뜨려 타인에게 불쾌감을 주기도 하고, 국민들의 언어사용에 악영향을 끼치기도 한다. 영화나 드라마의 '19금'이 있지만, 이제 내용의 '19금'이 아니라 표현의 '19금'도 만들어야 하는 상황인지도 모른다.

우리가 교양 있고 품격 있는 언어 덕에 좋은 대인관계를 만들고, 거칠고 부적절한 언어 탓에 대립적인 대인관계를 만들듯이, 언어는 인간의 소통의 모습을 결정하는 중요한 요소이다. 바르지 못한 언어는 바르지 못한 행동을 낳도록 만들기 때문에, 바른 언어를 사용하지 않으면 사회의 안전은 점점 더 후퇴하게 된다.

국민이 교양과 품격을 갖추도록 하지 않으면 국가경쟁력을 재고할 수 없다. 인간의 경쟁력이 참고 인내하는 데에서 만들어지는 것이라면, 참고 인내하는 행동은 절제된 언어에서 나오기에 언어교육의 중요성을 간과해서는 안 될 것이다. 바르고 품격 있는 언어는 경쟁력 있는 인간을 만드는 데 빼놓을 수 없는 요소임을 다시 한번 강조하면서 올바른 언어사용의 정착을 위해 가정과 사회, 학교의 바람직한 역할을 기대해 본다.

아울러 본 시글 세기로 필자의 시각을 되돌아보며 향후 한국어 사용의 건전한 발전을 위해 규범적이며 보수적인 관점뿐 아니라 변화하는 시대의 흐름을 포함하는 유연한 시각에서 한국어를 재조명하여 보다 나은 의견을 제시하고자 한다.

日本語教育学会(1982)『日本語教育事典』大修舘書店 p.303

N.チョムスキー(1984)『ことばと認識』大修舘書店 pp.249-292

水谷信子(1985)『日英比較話しことばの文法』くろしお出版 pp.181-225

ジェフリー・N.リーチ(1987)『語用論』池上嘉彦 河上誓作訳 紀伊國屋書店 pp.149-187

水谷信子(1989)「言語行動と教室の指導」『講座日本語と日本語教育13』明治書院 pp.372-393

北原保雄(1996)『表現文法の方法』大修舘書店 pp.166-182

모세종(2018)「正しい言語習得のための言語教育環境について一韓国語の使用実態から」『日本言語文化』제43집 pp.43-67

조선일보사·국립국어연구원(1991)『우리말의 예절』조선일보사 pp.34-64

임영철(2008)『한국어와 일본어 그리고 일본인과의 커뮤니케이션』태학사 pp.42-81

홍종선(2009)『국어 문법의 탐구2 국어 높임법 표현의 발달』박문사 pp.9-120

이정복(2011)『한국어 경어법 힘과 거리의 미학』소통

이정복(2012)『한국어 경어법의 기능과 사용 원리』소통

김미형(2013)『한국어와 한국사회』한국문화사

국립국어원(2014)『방송언어오용사례』휴먼컬처아리랑

국어순화추진회(2014)『국어순화정책1』세종학연구원

국어순화추진회(2017)『국어순화정책4』세종학연구원

박지선(2019)『현대 국어 상대높임법의 맥락 분석적 연구』신구문화사

저자 **모세종**

- · 전주고등학교
- · 한국외국어대학교
- · 日本) 筑波大學 (석사/박사)
- · 인하대학교 교수 (1995~현재)
- · 인하대학교 대외협력처장 겸 유학생센터장 역임
- · 한국일본언어문화학회 편집위원장 (2019~현재)
- · 한국일본언어문화학회 회장 (2014~2018)

바른 한국어 사용과 습득을 위하여

초판인쇄 2019년 12월 11일
초판발행 2019년 12월 17일

저   자 모세종
발 행 인 윤석현
발 행 처 제이앤씨
등   록 제7-220호
주   소 서울시 도봉구 우이천로 353 성주빌딩 3F
전   화 (02)992-3253
전   송 (02)991-1285
전자우편 jncbook@daum.net
홈페이지 http://www.jncbms.co.kr
책임편집 박인려

ISBN 979-11-5917-149-9 03700   **정가** 15,000원

This work was supported by INHA UNIVERSITY Research Grant.